Myron Rush

Brennen ohne auszubrennen

Das Burnout-Syndrom:
Erkennen. Vorbeugen. Überwinden.

Myron Rush

Brennen ohne auszubrennen

Das Burnout-Syndrom: Erkennen.
Vorbeugen. Überwinden.

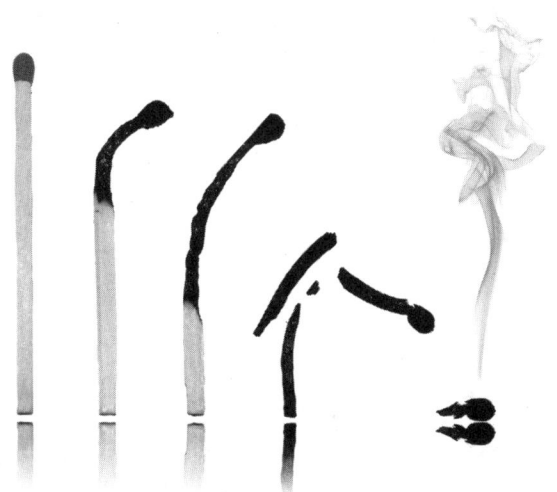

Mixed Sources
Product group from well-managed
forests and other controlled sources
www.fsc.org Cert no. SA-COC-001819
© 1996 Forest Stewardship Council

Verlagsgruppe Random House FSC-DEU-0100
Das für dieses Buch verwendete FSC®-zertifizierte Papier
München Super Extra liefert Arctic Paper Mochenwangen GmbH.

Die amerikanische Originalausgabe erschien im Verlag
Cook Communications Ministries unter dem Titel „Burnout".
© 1987 by Cook Communications
© der deutschen Ausgabe 1991, Verlag Klaus Gerth, Asslar
© der überarbeiteten deutschen Ausgabe 2011,
Gerth Medien GmbH, Asslar, in der Verlagsgruppe
Random House GmbH, München

Dieses Buch ist eine stark überarbeitete Neuauflage des Titels
„Ausgebrannt – was nun?"

Die Bibelzitate wurden, sofern nicht anders vermerkt,
der Neues Leben Übersetzung,
© 2002 und 2006 SCM R.Brockhaus im SCM-Verlag GmbH & Co. KG,
Witten, entnommen.

1. Auflage 2011
Best.-Nr. 816 605
ISBN: 978-3-86591-605-1
Umschlaggestaltung: Immanuel Grapentin
Umschlagfoto: Shutterstock
Satz: Die Feder GmbH, Wetzlar
Druck und Verarbeitung: CPI Moravia

Inhalt

Vorwort

Seit 1974 bezeichnet man die Erschöpfungskrankheit auch als „Burnout" (Ausbrennen). Diese Bezeichnung beschreibt anschaulich, was bei dieser Erkrankung abläuft. Eine Person hat für eine Sache gebrannt. Sie war begeistert und hat andere begeistert. Dann wurde das Feuer nicht mehr genährt und wurde langsam schwächer. Am Ende blieb nur noch ein Aschehaufen. Ein einst brennender Mitarbeiter ist ausgebrannt. Nur jemand, der einmal entflammt war, kann auch ausbrennen!

Beim deutschen Wort „Erschöpfung" können wir an ein großes Wasserrad denken. Es schöpft Wasser und bringt dadurch etwas in Bewegung. Wenn aber der Zufluss auf den Wasserschöpfer ausbleibt, schöpft er nicht mehr. Dann bewegt er nichts mehr und bleibt irgendwann stehen. Erschöpft!

Auch früher gab es diese Krankheit. Man bezeichnete sie als „Managerkrankheit" oder „Nervenzusammenbruch". In den letzten Jahrzehnten beschleunigten sich die Arbeits- und Lebensbedingungen. Wir glichen das nur unzureichend aus durch eine entspannende Freizeitgestaltung und durch pfleglichen Umgang mit der eigenen körperlichen und seelischen Gesundheit. Die Häufigkeit von psychophysischer Erschöpfung nahm zu. 1974 prägte der deutsch-amerikanische Psychoanalytiker Herbert J. Freudenberger den Begriff „Burnout". Anfangs wurde das Burnout-Syndrom vorwiegend bei Mitarbeitern in Berufen mit intensivem Kontakt zu Menschen beschrieben. Später erkannte man diese Erkrankung auch bei anderen Personengruppen. Heute ist das Burnout eine Volkskrankheit.

Es gibt keine genauen Zahlen zur gegenwärtigen Häufigkeit von Erschöpfungskrankheiten. Nach Schätzungen liegt die Zahl der Burnout-Patienten in Deutschland bei 10 bis 15 Millionen. Nach Umfrageergebnissen sind derzeit 30 bis 35 % aller deutschen Lehrer, 40 bis 60 % der Pflegekräfte und 15 bis 30 % der Ärzte ausgebrannt und könnten in nächster Zeit ausfallen. Ausfälle, die vielleicht nur 1 bis 2 Tage, vielleicht aber auch 6 bis 8 Monate dauern. Man schätzt den volkswirtschaftlichen Schaden durch Burnout und Stress auf über 20 Milliarden Euro.

Als sich bei mir selbst eine Erschöpfungssymptomatik entwickelte, wollte ich den Ernst der Lage nicht wahrhaben – bis mir meine Frau dieses Buch von Myron Rush gab. Erst durch den Fragebogen (S. 31) erkannte ich das Ausmaß meines Problems. Das Studium dieses Buches half mir, mich selbst richtig einzuschätzen und einen Weg zur Heilung zu finden.

Seither habe ich dieses Buch in meiner Beratungsarbeit mit Burnout-Patienten sehr gern eingesetzt. Meine Patienten und ich schätzen seinen ganzheitlichen Ansatz, der auf die Symptome im körperlichen, seelischen und geistlichen Bereich eingeht. Es ist ein praktisches Buch, aus eigener Erfahrung geschrieben, mit gut umsetzbaren Hinweisen für den Alltag. Es ist ein Arbeitsbuch, durch das die therapeutischen Gespräche im Eigenstudium vertieft werden können. Zusätzlich wird oft auch eine stationäre Rehabilitationsbehandlung empfohlen, in der im Abstand zur Belastungssituation das Fundament für einen erfolgreichen Heilungsprozess gelegt werden kann.

Dr. med. Jörg H. Gutknecht
Sanatorium Hensoltshöhe
Gunzenhausen/Altmühlsee

Meine Geschichte

Ich betrat die Wohnung, warf meinen Mantel über eine Stuhllehne und schloss die Tür ab. Auf dem Weg zum Wohnzimmer stellte ich das Telefon ab. Dann zog ich die Vorhänge zu, ließ mich in einen der weichen Sessel fallen und schloss die Augen.

Wenn man – wie ich es so lange tat – eine Kerze an beiden Enden anbrennt, erlischt sie nun einmal schneller. Mein Leben schien stockdunkel – ich war physisch und psychisch, geistig und geistlich am Ende!

Mein unausgeglichenes Leben mit zu viel Arbeit und zu wenig Entspannung hatte mir zwar einigen geschäftlichen Erfolg beschert, aber auch enorme häusliche Probleme. Nach 23-jähriger Ehe fand ich mich plötzlich allein in einer kleinen, deprimierenden Wohnung wieder.

Zusätzlich zu meiner vollzeitlichen Beratertätigkeit hatte ich in den letzten drei Jahren bei der Gründung zweier Unternehmen mitgeholfen, einer Fabrik und einer Marketingfirma.

Als wir mit der Fabrik anfingen, lebte ich von den letzten 120 Tagen jenes Jahres 100 aus dem Koffer. Während dieser Zeit reiste ich kreuz und quer durch 11 amerikanische Bundesstaaten und verhandelte sechs Tage (und Nächte) in der Woche mit potenziellen Geschäftspartnern.

In meiner Freizeit brachte ich es in diesem Jahr noch fertig, zwei Bücher zu schreiben, zahlreiche Management-Seminare an allen Ecken und Enden des Landes durchzuführen, in meiner Kirchengemeinde zwei wöchentliche Seminare zu halten und einen Hauskreis mit einer Gruppe von Ehepaaren aus unserer Nachbarschaft anzufangen.

Innerhalb von zwei Jahren hatten sich unsere beiden Unternehmen von der Idee bis zur Realisierung mit 50 Beschäftigten entwickelt. Wegen des raschen Wachstums zogen wir in einem Jahr zweimal um. Je schneller wir wuchsen, desto mehr Leute mussten wir einstellen und desto mehr Probleme hatten wir zu lösen. Meine ursprüngliche Begeisterung und mein Elan verwandelten sich langsam in Frustration, Verdruss und Erschöpfung. Und jetzt, drei Jahre danach, hatte ich gerade einen Vertrag unterschrieben, in dem ich meine Anteile an unseren beiden Firmen meinen Partnern übertrug!

Meine Stimmungslage bestürzte mich. Ich war immer ein sehr positiv eingestellter, hochgradig motivierter, erfolgsorientierter Mensch gewesen. Und da saß ich nun ganz allein in einer dunklen Wohnung, und es war mir völlig gleichgültig, ob ich jemals wieder zur Tür hinausgehen würde. Mein Selbstvertrauen war dahin. Meine Ziele hatten sich in Luft aufgelöst. Die Liebe und die Anteilnahme, die ich einmal für andere Menschen empfunden hatte, waren in Abneigung und Verdruss umgeschlagen. Und das Erschreckendste von allem: Aus meiner einst heißen Liebe zu Gott war Apathie geworden.

Ich öffnete die Augen, erhob mich aus dem Polstersessel, ging eine Weile langsam in der Wohnung auf und ab und kam schließlich ins Badezimmer. Ich starrte mein Spiegelbild an und dachte: „Wo ist bloß der Myron geblieben, den ich kannte?" Alles, was ich sah, war das leere Schneckenhaus, das er zurückgelassen hatte – ich war wirklich ausgebrannt!

Die folgenden Seiten dieses Buches handeln vom Burnout, vom Ausbrennen – seinen Ursachen, seinen Symptomen, seinen Folgen. Davon, wie man diesen Zustand überwindet, und – besonders wichtig – wie man ihn vermeidet.

Als Managementberater und Geschäftsmann habe ich viel mit dem Ausbrennen zu tun gehabt – bei Kunden, bei Mitarbeitern, bei mir selbst. Ich habe Ausgebrannte seelsorgerlich betreut und bin selbst betreut worden. Ich kann aus Erfahrung sagen, dass es mit Gottes Hilfe möglich ist, den Fängen des Burnouts zu entkommen. Und es ist nicht nur möglich, das Ausbrennen zu überwinden, sondern diese Erfahrung kann Ihnen auch dazu verhelfen, ein besserer Mensch zu werden.

1 Ausgebrannt –
wenn aus Machern Zuschauer werden

Wenn man eine Kerze an beiden Enden anzündet, mag sie doppelt so viel Licht erzeugen, aber sie brennt auch doppelt so schnell ab. Eine gute Analogie für den Prozess des Ausbrennens. Wer ein Burnout durchmacht, entdeckt plötzlich, dass seine ganze geistige, psychische und physische Energie verbraucht ist. Seine Kraft ist erschöpft, und sein Wille, irgendetwas zu tun, ist am Ende.

Ausbrennen, könnte man vielleicht sagen, *ist die Art Stress und emotionale Ermüdung, Frustration und Erschöpfung, die dann auftritt, wenn eine Abfolge (oder eine Kombination) von Ereignissen in einer Beziehung, einem Vorhaben, einer Lebensform oder im Beruf nicht die erwarteten Resultate erbringt.* Das Ausbrennen widerfährt gewöhnlich zielorientierten Tatmenschen. Ihr Terminkalender ist normalerweise voll, und sie arbeiten immer mehr, als von ihnen verlangt wird.

Das Ausbrennen kennt kein Ansehen der Person. Es widerfährt Menschen mit den unterschiedlichsten Lebensläufen. Ärzte, Lehrer, Busfahrer, Pastoren, Hausfrauen, Studenten – alle können am Burnout-Syndrom erkranken. Es trifft Junge ebenso wie Alte. Sozialer oder finanzieller

Status haben keinen Einfluss auf die Wahrscheinlichkeit des Ausbrennens.

Die meisten Betroffenen haben keine Vorgeschichte psychischer oder geistiger Störungen. Sie sind weder neurotisch noch psychotisch, wie wir das medizinisch ausdrücken würden. Aber alle leiden seelisch – etwa in ihrem Gefühlsleben – und gewöhnlich auch geistlich.

Der hohe Preis

Eine der größten Tragödien des Ausbrennens ist, dass es die produktivsten Leute erwischt. Denn das Burnout pflegt vor allem besonders leistungsfähige, zielorientierte Menschen zu treffen. Dabei schlagen nicht nur die persönlichen Einbußen zu Buche – auch der Verlust für Organisationen und Firmen kann verheerend sein. Wayne Gardner zum Beispiel war 16 Jahre lang Pastor der *Hillside Community Church*. Er war erst der zweite Pastor der Gemeinde überhaupt. Als Wayne Pastor von *Hillside* wurde, kamen nur wenige Leute in den Sonntagmorgengottesdienst. Wayne hatte ein Herz für die Menschen und war nicht nur ein wahrer Hirte, sondern auch ein brillanter Lehrer und ein guter Verwalter.

So begann die Gemeinde unter Waynes Leitung zu wachsen und nach drei Jahren war es dann so weit: Das erste Bauvorhaben stand an. Während der folgenden zehn Jahre kamen eine Schule und noch zwei weitere Gebäude hinzu, außerdem ein lokales Radioprogramm und ein Fernsehsender. Dazu war Wayne ein ausgezeichneter Seelsorger, und auch hier waren seine Dienste in der Gemeinde sehr gefragt.

Aber im gleichen Maße, wie die Gemeinde wuchs, nahm auch Waynes Verantwortung zu. Sein Bestreben, den Menschen zu dienen, machte es ihm schwer, auch einmal Nein zu sagen. Und so überbeanspruchte er sich mehr und mehr. Er opferte immer mehr späte Nachtstunden, um alles zu bewältigen.

Allmählich litt Wayne unter emotionaler und physischer Erschöpfung, aber sein Engagement für die Gemeinde und die hohen Anforderungen, die er an sich selbst stellte, brachten ihn dazu, noch härter zu arbeiten, um seinen Verpflichtungen gerecht zu werden und das zu tun, was er als seine Berufung ansah. Unglücklicherweise vergrößerte das nur noch seine Frustration und Ermüdung. Eines Tages wurde ihm bewusst, dass er anfing, es Leuten übel zu nehmen, wenn sie um einen seelsorgerlichen Termin baten. Tatsächlich empfand er jede „Unterbrechung" als lästig.

Er begann sich wegen seiner negativen Gefühle schuldig zu fühlen, und wurde über seine Arbeit und sich selbst noch frustrierter. Schließlich stellte er infrage, ob er überhaupt zum Amt des Pastors berufen sei. Am Ende beschloss er, seinen Dienst zu quittieren. Der Gemeinderat war schockiert.

Nach Waynes Ausscheiden fehlte der Kirche seine starke Führung, und die Austritte häuften sich. Schließlich musste die Gemeinde viele der Angebote und Aktivitäten streichen, die ihre einst so effektive Arbeit ermöglicht hatten.

Wayne Gardner ist ein Beispiel für den Preis, den das Ausbrennen fordert – von Einzelnen wie von Organisationen. Die meisten, die ein Burnout erleben, verlassen ihren Arbeitsplatz zwar nicht physisch, aber ihre Positionen sind trotzdem verwaist. Sie leisten ihre alltäglichen Pflichten ab, aber sie sind geistig und seelisch abgetreten!

Wohin wir gehen

Das Anliegen dieses Buches ist zunächst, das Ausbrennen zu definieren und Faktoren in unserem Umfeld, an unseren Arbeitsplätzen und in unseren Persönlichkeitsstrukturen aufzuzeigen, die es begünstigen. Wir wollen die Symptome und ihren Einfluss auf einzelne Menschen sowie Organisationen untersuchen. Dann wollen wir darüber sprechen, wie das Ausbrennen überwunden werden kann. Im letzten Teil des Buches wollen wir ausführlich die Möglichkeiten behandeln, wie man dem Burnout-Syndrom vorbeugen kann. Und schließlich wollen wir den Gewinn und die Lehren bewerten, die aus dem Erleben eines Burnouts gezogen werden können.

Obwohl das Ausbrennen eine unangenehme, schmerzliche Erfahrung ist, können seine Folgen ausgesprochen segensreich sein. Burnout ist eine Notbremsung unserer Seele, denn anders kann sie einen ehrgeizigen, zielorientierten Erfolgsmenschen oft nicht zum Halten bringen, bevor er sich physisch selbst zerstört.

Damit unser Leben gut verläuft, muss es ausbalanciert sein. Ein Burnout ist das Ergebnis eines zu sehr ins Ungleichgewicht geratenen Lebens. Bei einer zu großen Unwucht der Räder lässt sich ein Wagen nicht mehr richtig lenken, und die Reifen nutzen sich rasch ab. So ist es auch mit unserem Leben. Wenn wir zu sehr aus dem Gleichgewicht kommen, verlieren wir die Fähigkeit, unser Leben in der Bahn zu halten, und werden rasch psychisch, physisch, geistig und geistlich aufgerieben. Das Ausbrennen bringt unsere Aktivitäten und die tägliche Routine so lange zum Stillstand, bis wir unser Leben neu überdacht, neue sinnvolle Ziele und Prioritäten gesetzt und unser Gleichgewicht wiedergefunden haben.

Seien Sie deshalb nicht am Boden zerstört, wenn Sie gerade ein Burnout durchmachen oder jemanden kennen, der gerade hindurchmuss! Das ist nicht unbedingt der Weltuntergang. Es kann die Nacht vor einer großartigen neuen Morgendämmerung sein, in der Sie neuen Sinn und neue Tiefe, neue Erfüllung in einer neuen und besseren Zeit Ihres Lebens finden werden.

Eine biblische Fallstudie

Ich muss immer wieder staunen, wie viel uns die Bibel für unseren Alltag zu sagen hat. Sie bietet wirklich Antwort auf fast alle Probleme des Lebens.

In meiner Tätigkeit als Management-Berater habe ich in den letzten Jahren mit zahlreichen christlichen Einrichtungen, Gruppen und Einzelpersonen zusammengearbeitet. Dabei habe ich herausgefunden, dass das Ausbrennen unter Christen ein großes Problem ist. In der Tat belegen viele neuere Untersuchungen, dass Leute, die in menschen- und dienstleistungsbezogenen Berufen arbeiten, am anfälligsten für ein Burnout sind. Das entspricht gerade dem Persönlichkeitsprofil der meisten Christen, besonders christlichen Leitern.

Die Bibel zeigt klar, dass vergangene geistliche Hochphasen nicht notwendigerweise ein Schutz vor dem Ausbrennen sind. Im Gegenteil: Gerade sie können uns direkt ins Burnout führen. Lassen Sie uns einmal beispielhaft einen Blick auf das Leben von Mose werfen, sozusagen dem Prototyp des biblischen Leiters.

Die Bibel lüftet den Schleier vor seinem Leben als Erwachsener in 2. Mose 2,11–14, indem sie uns seine große Liebe zu seinem Volk zeigt. Seine Leidenschaft dafür, dem eigenen Volk zu helfen, war so groß, dass er sogar einen Ägypter tötete, nachdem dieser einen israelitischen Sklaven geschlagen hatte. Einen Tag darauf versuchte Mose, einen Streit zwischen zweien seiner hebräischen Landsleute zu schlichten. Offensichtlich paarten sich bei ihm starke Gefühle mit dem Wunsch, seinem Volk zu helfen.

In 2. Mose 4–12 gebraucht Gott Mose dazu, die zehn Plagen über Ägypten zu bringen. Dann, in den Kapiteln 13-14, sehen wir Mose die Kinder Israel aus Ägypten und durch das Rote Meer führen: Mose war *der* geistliche und politische Leiter der Israeliten.

Gott hat durch Mose große Wunder getan. In 2. Mose 17 befahl er Mose, mit seinem Stab an einen Felsen zu schlagen. Daraufhin kam Wasser aus dem Felsen. Später, im selben Kapitel, sehen wir Mose als Oberkommandierenden der israelitischen Armee im siegreichen Kampf gegen die Amalekiter.

Moses totale Hingabe an das Volk Israel wird vielleicht am besten in 2. Mose 18 beschrieben. Jethro, sein Schwiegervater, kam ihn besuchen:

Am nächsten Tag setzte sich Mose, um dem Volk Recht zu sprechen. Die Israeliten standen den ganzen Tag, von morgens bis abends, bei ihm. Als Moses Schwiegervater sah, wie viel Mose für das Volk zu tun hatte, sagte er: „Warum tust du so viel für das Volk? Die Leute standen den ganzen Tag hier, damit du ihre Streitfälle klärst. Warum musst du das allein tun?"

Mose antwortete: „Sie kommen zu mir, um Gott zu befragen. Wenn sie einen Streitfall haben, kommen sie zu mir, damit ich zwischen ihnen schlichte und ihnen Gottes Anweisungen und Vorschriften mitteile."

„Das, was du da tust, ist nicht gut", wandte sein Schwiegervater ein. „Du reibst dich sonst noch auf – und auch für das Volk ist das zu anstrengend. Diese Aufgabe ist zu schwer, als dass du sie allein bewältigen könntest" (2. Mose 18,13–16).

Beachten Sie: Aus dem Abschnitt geht hervor, dass es sich um ein alltägliches Ereignis handelte. Mose verbrachte seine ganze Zeit damit, sich mit den Menschen und ihren Problemen zu befassen, größtenteils mit ihren Beschwerden und Streitigkeiten.

Aber Mose beklagte sich nicht. Tatsächlich sagte er zu Jethro etwa Folgendes: „Ich gehorche nur dem Herrn und tue meine Arbeit. Es ist meine Pflicht, mich mit den Problemen der Leute zu befassen und ihre Streitigkeiten zu schlichten." Mose zeigt in diesem Abschnitt eine ganze Menge Geduld und Liebe für sein Volk.

Mose diente weiter treu als geistlicher und politischer Führer des Volkes. Besonders in 2. Mose 32 sehen wir, wie stark seine Liebe zum Volk war. Mose war oben auf dem Berg Sinai gewesen, um von Gott die Zehn Gebote zu empfangen. Das hatte länger gedauert, als die Leute erwartet hatten, und so wurden sie unruhig. Sie überredeten Aaron, Moses Bruder, ein goldenes Kalb zum Anbeten zu machen.

Als Gott sah, dass das Volk einen Götzen anbetete, wurde er zornig und sagte zu Mose: „Ich habe erlebt, wie eigenwillig dieses Volk ist. Ich will meinen Zorn über sie kommen lassen und sie alle vernichten. Dich will ich jedoch zu einem großen Volk machen" (2. Mose 32,9–10).

Was für eine Ehre wäre das für Mose gewesen! Er hätte anstelle von Abraham der Stammvater von Gottes auserwähltem Volk sein können. Aber Mose liebte diese Menschen mehr als sein eigenes Leben und bat Gott, dies nicht zu tun (Verse 11–13). Gott hörte auf Mose und ließ ihn weiter das Volk ins Gelobte Land führen.

Mose diente weiterhin dem Volk. In Gottes Auftrag baute er die Bundeslade, die Stiftshütte und ihre Einrichtung, führte die verschiedenen religiösen Opferungen und Zeremonien durch, ernannte Priester, erließ soziale, medizinische und verwaltungsrechtliche Gesetze. Schließlich stellte er sich der enormen Aufgabe, das ganze Volk nach Stämmen und Familien zu zählen.

Offensichtlich hatte Mose viele Fähigkeiten, liebte das Volk und war sehr erfolgreich. Aber in 4. Mose 11 wird deutlich, dass er am Ende seiner geistigen, psychischen und physischen Reserven war – er war ausgebrannt! Er konnte nicht mehr mit dem Volk und dessen Problemen fertig werden. Er wollte nur noch eins: davonlaufen.

Das Volk hatte das Manna gegessen, für das Gott gesorgt hatte, aber sie wollten Fleisch dazu haben. Sie gingen zu Mose und beklagten sich über den Mangel an Fleisch auf ihrem Speisezettel. Mose explodierte. Achten Sie darauf, was Mose zu Gott sagt:

Warum behandelst du deinen Diener so schlecht? Womit habe ich es verdient, dass du mir die Verantwortung für solch ein Volk auflädst? Bin ich etwa die Mutter dieses Volkes? Oder habe ich es geboren, sodass du mich aufforderst: „Trag es auf deinen Armen – so wie eine Amme einen Säugling trägt – in das Land, das ich ihren Vorfahren mit einem Eid versprochen habe?" Woher soll ich denn Fleisch nehmen, um es all den Menschen zu geben? Denn sie jammern und rufen: „Gib uns Fleisch zu essen!" Ich kann die Sorge für dieses Volk nicht allein tragen, diese Last ist zu schwer für mich. Willst du mir aber nicht helfen, dann töte mich lieber gleich, wenn du mir etwas Gutes tun willst, damit ich meine elende Lage nicht länger mit ansehen muss! (4. Mose 11,11-15).

Es ist kaum zu glauben, was seit dem Zwischenfall mit dem goldenen Kalb in 2. Mose 32 für ein Wandel geschehen ist. Mose war sogar bereit gewesen, über die Götzenanbetung des Volkes hinwegzusehen (die Verletzung eines der Zehn Gebote, mit der Todesstrafe belegt), aber jetzt wollte er am liebsten sterben, weil das Volk Fleisch auf seinem Speisezettel haben wollte. Ein Musterbeispiel des Burnout-Syndroms!

Es ist derselbe Mose, der Jahre zuvor einen Ägypter nur deswegen tötete, weil der einen Israeliten geschlagen hatte. Es ist der Mann, der einmal klaglos gewillt gewesen war, sich tagein, tagaus die Nöte und Beschwerden des Volkes anzuhören. Aber jetzt beklagt sich Mose bei Gott, das Volk sei für ihn eine zu große Bürde. Als das Volk in der Wüste ohne Wasser für sich und seine Herden war, „schrie er zum Herrn" (2. Mose 15,25). Aber jetzt, als sie nach Fleisch verlangen, soll Gott ihn am besten töten.

Wir können aus Moses Erfahrungen eine ganze Menge über den Verlauf des Burnouts lernen.

Wer sich dem Dienst an anderen verschrieben hat, der ist zum Ausbrennen prädestiniert (2. Mose 2,11–14)

Mose sorgte sich zutiefst um das Volk Israel. Menschen, die viel mit anderen zu tun haben und sich um sie kümmern, sind besonders von der Gefahr des Ausbrennens bedroht. Untersuchungen belegen, dass Leute in lehrenden, beratenden, sozialen, medizinischen, juristischen und religiösen Berufen viel stärker Gefahr laufen auszubrennen als Leute mit Berufen, die weniger Kontakte mit Menschen erfordern.

Erfolgreiche riskieren das Ausbrennen
(2. Mose 18,13–18)

Erfolgsmenschen fühlen sich beim Arbeiten am wohlsten. Sie lieben die Herausforderung. Und sie kennen ihre eigenen Grenzen nicht. Sie erledigen lieber ihre Arbeit selbst, als sich die Zeit zu nehmen, jemanden einzuarbeiten, damit er ihnen hilft. So wie Mose.

Erfolgreiche neigen dazu, sich zu überanstrengen, und riskieren emotionale und physische Erschöpfung. Genau das hat Mose getan. Beachten Sie, wie in 2. Mose 18,18 Jethro das Ausbrennen auf Mose zukommen sah, falls der seine Einstellung zu seiner Aufgabe nicht änderte.

Unter dem Ausbrennen eines Einzigen leiden viele

Jethro war nicht nur um Moses Wohlergehen besorgt, sondern auch um das der Menschen, für die Mose verantwortlich war. Lassen Sie uns noch einmal einen Blick auf das werfen, was er in 2. Mose 18,18 sagte: „Du reibst dich sonst noch auf – und auch für das Volk ist das zu anstrengend. Diese Aufgabe ist zu schwer, als dass du sie allein bewältigen könntest." Ganze Organisationen, ja manchmal sogar Geschäftszweige und Nationen leiden, wenn ein Leiter ausbrennt.

25

Wer ausgebrannt ist, kann nicht mehr mit Menschen und Alltagsproblemen umgehen (4. Mose 11,14–15)

In der Vergangenheit hatte Mose mit viel größeren Problemen und Hindernissen zu tun gehabt als der aktuellen Forderung des Volkes nach Fleisch. Aber jetzt war er emotional überfordert. Wenn Leute ausbrennen, werden ihnen plötzlich Dinge unmöglich, die früher überhaupt nicht von Bedeutung gewesen wären. Sie tendieren dazu, aus Mücken Elefanten zu machen.

Während des Ausbrennens leidet gewöhnlich die Beziehung zu Gott (4. Mose 11,11)

Beachten Sie, was Mose in 4. Mose 11,11 zu Gott sagt: „Warum behandelst du deinen Diener so schlecht? Womit habe ich es verdient, dass du mir die Verantwortung für solch ein Volk auflädst?" Mose gab Gott die Schuld für seine Probleme. Beim Burnout neigen wir dazu, den Realitätsbezug zu verlieren und Sündenböcke für unsere Probleme zu suchen.

Gott reagiert mit dem Versprechen, dass das Volk einen Monat lang jeden Tag Fleisch zu essen haben würde (4. Mose 11,18–20). In seinem Zustand verfällt Mose jedoch dem Glauben, er müsse Gottes Arbeit selbst tun. Beachten Sie, was er antwortet, als Gott verspricht, für Fleisch zu sorgen:

„Es sind 600.000 wehrfähige Männer hier bei mir und du versprichst, ihnen so viel Fleisch zu geben, dass sie einen ganzen Monat zu essen haben. Können denn so viele Schafe und Rinder für sie geschlachtet werden, dass es genug für jeden gibt? Oder würde es ausreichen, wenn alle Fische im Meer gefangen würden?" (4. Mose 11,21–22).

Nie zuvor hatte Mose so auf eine Verheißung Gottes reagiert. Als Gott ihm gesagt hatte, er solle seinen Stab über das Meer ausstrecken, damit sich das Wasser teilte und das Volk trockenen Fußes passieren konnte, sagte er nicht: „Tja, und wohin soll ich das ganze Wasser tun?" Er glaubte einfach, dass Gott diese Probleme lösen würde, und gehorchte widerspruchslos (2. Mose 14,16–21). Aber als Mose ausgebrannt war, konnte er weder für sich noch für Gott eine Möglichkeit sehen, wie dieses Versprechen eingelöst werden könnte. In diesem Moment hatte er das Vertrauen auf Gott verloren.

Wer ausbrennt, der gibt häufig sein Leben auf
(4. Mose 11,15)

Mose sagte zu Gott: „Willst du mir aber nicht helfen, dann töte mich lieber gleich, wenn du mir etwas Gutes tun willst, damit ich meine elende Lage nicht länger mit ansehen muss!" (4. Mose 11,15). Mose wollte einfach nur noch aus der Situation raus, auch wenn dies den Tod bedeutete. Das ist typisch für Menschen im Burnout-Zustand. Sie wollen ihrer Lage um jeden Preis entrinnen und meinen, dass sie nicht mehr fähig sind, auch nur ein einziges Problem zu lösen.

Die Tragödie des Ausbrennens

Als ich auf dem College war, spielte ich im Basketballteam mit. Ich hatte mir große Mühe gegeben, ins Team aufgenommen zu werden und einer der fünf besten Spieler zu werden. Ich hasste es, auf der Bank zu sitzen, während meine Kameraden spielten. Offen gestanden, ich wollte nie auf die Bank. Selbst wenn ich vor Erschöpfung nicht mehr konnte, saß ich nur dann auf der Bank, wenn der Trainer mich aus dem Spiel nahm, damit ich mich ausruhte. Ich hatte zu lange darauf hingearbeitet, in das Team zu kommen, um jetzt dazusitzen und zuzusehen, wie ein anderer spielte.

Wie schon gesagt sind Leute, die ein Burnout durchmachen, gewöhnlich sehr erfolgreich gewesen. Aber ausgebrannte Erfolgsmenschen setzen sich plötzlich nicht nur freiwillig auf die Reservebank – sie verlassen gleich endgültig das Team und gesellen sich zum Publikum. Aus Aktiven werden Zuschauer. Weder sie noch ihre „Teamkameraden" profitieren jetzt noch von ihren Talenten und Möglichkeiten. Die Folge davon ist, dass Leute mit geringeren Fähigkeiten im Team aufrücken – vorübergehend oder auf Dauer.

Wayne Gardner zum Beispiel, der schon erwähnte Pastor, ist jetzt überhaupt kein Pastor mehr, sondern Grundstücksmakler in Arizona. Nicht nur fehlen den Mitgliedern der *Hillside Community Church* Waynes Gaben und sein Einsatz, er gebraucht auch nicht mehr die Fähigkeiten, die Gott ihm nicht ohne Grund gegeben hat. Wayne Gardner hat seinen Beruf aufgegeben und ist bisher nicht wieder zurückgekehrt. Das ist leider oft der Fall nach einem Burnout.

Vor einigen Jahren lebte ich in Alaska. Während dieser Zeit begegnete ich einigen Menschen, die einmal sehr erfolgreich Karriere gemacht hatten, aber jetzt in der Abgeschiedenheit Alaskas lebten. Einige davon hatten überhaupt keine Verbindung zur Außenwelt.

„Ich bin hier, weil ich die Hetzjagd nicht mehr mitmachen wollte", erzählte mir ein Mann. „Ich habe sehr viel Geld verdient, aber nach fünfundzwanzig Jahren in derselben Firma konnte ich einfach nicht mehr. Ich wachte mitten in der Nacht auf und entschloss mich, meine Stellung aufzugeben und hier heraufzukommen. Am anderen Morgen sagte ich meiner Frau Bescheid, und sie dachte, ich sei verrückt geworden." Lachend fügte er hinzu: „Verrückt wäre ich geworden, wenn ich in Chicago geblieben wäre."

Als ich ihn fragte, was er jetzt tue und womit er jetzt seinen Lebensunterhalt verdiene, sagte er: „Ich arbeite so wenig wie möglich. Im Winter stelle ich ein paar Fallen, und im Sommer arbeite ich im Sägewerk."

Es geht auch anders

Wie ich schon dargelegt habe, kann das Ausbrennen auch eine positive Erfahrung sein. Es muss nicht so enden wie für Wayne Gardner und den Mann aus Chicago. Man muss kein Totalaussteiger werden, nur weil man ausgebrannt ist. (Ich spreche aus Erfahrung.)

Wenn Sie – oder Menschen, die Ihnen nahestehen – ein Burnout erleben, müssen Sie sich darüber klar werden, dass es mehr als das Licht am Ende des Tunnels gibt: Der ganze Rest Ihres Lebens wartet darauf, gelebt zu werden! Die Lektion, die das Ausbrennen birgt, kann Ihre Zukunft noch heller machen als die Vergangenheit.

Selbst ausgebrannte Erfolgsmenschen, die zu Aussteigern geworden sind, können zurückkehren. Sie können das Spiel des Lebens wieder mitspielen – und gewinnen! Es gibt Hoffnung, auch für Sie!

Ausgebrannt: ein persönlicher Überblick

Dies ist kein Test, sondern eher ein Arbeitsblatt, das Ihnen helfen soll, die Symptome des Ausbrennens zu erkennen. Wählen Sie zu jeder Aussage einen Wert zwischen 1 und 5, je nachdem, wie sehr Sie damit übereinstimmen. Eine 1 bedeutet ein ganz klares Nein und eine 5 ein ganz klares Ja. Haben Sie bei Ihrer Antwort die letzten sechs Monate im Blick.

1. Es scheint, als würde ich mehr arbeiten als früher,
   aber weniger damit erreichen.   1 2 3 ④ 5

2. Es graut mir jeden Tag davor,
   zur Arbeit zu gehen.   1 2 3 ④ 5

3. Ich scheine weniger Kraft
   zu haben als früher.   1 2 3 4 ⑤

4. Mich stören Dinge, die mir früher
   nichts ausgemacht haben.   1 2 3 ④ 5

5. Ich merke immer mehr, wie ich
   den Umgang mit Menschen meide.   1 2 3 4 ⑤

6. Ich werde immer reizbarer.   1 2 3 4 ⑤

7. Es fällt mir immer schwerer, meine
   Gedanken unter Kontrolle zu halten.   1 2 3 4 ⑤

8. Ich merke immer häufiger, dass ich
   morgens nicht aus dem Bett will.   1 2 3 ④ 5

9. Ich fange an, mein Selbstvertrauen
   zu verlieren.   1 2 ③ 4 5

10. Es fällt mir immer schwerer, mich auf
    meine Arbeit zu konzentrieren.   1 2 ③ 4 5

11. Es fällt mir immer schwerer,
    Risiken einzugehen.   1 2 3 4 5

12. Ich werde immer unzufriedener mit dem,
    was ich erreiche.   1 2 3 4 5

13. In letzter Zeit habe ich angefangen, Gott für
    meine Lage verantwortlich zu machen.   1 2 3 4 5

14. An manchen Tagen möchte ich einfach
    vor allem weglaufen.   1 2 3 4 5

15. Es kümmert mich immer weniger, ob meine Arbeit
    überhaupt getan wird oder nicht.   1 2 3 4 5

16. Es scheint, dass sich nichts ändert
    oder alles sogar noch schlimmer wird. 1 2 3 4 5

17. Es scheint, dass alles, was ich anpacke,
    mehr Energie kostet,
    als ich aufbringen kann.   1 2 3 4 5

18. Sogar einfache Routinearbeiten
    fallen mir schwer.   1 2 3 4 5

19. Ich wollte, die Leute würden mich
    einfach in Ruhe lassen.   1 2 3 4 5

20. Die Veränderung, die in mir vorgeht,
    frustriert mich.   1 2 3 4 5

Auswertung

20–30 Punkte:
Sie laufen keine Gefahr auszubrennen.

31–45 Punkte:
Sie zeigen einige Symptome des Ausbrennens.

46–60 Punkte:
Bei Ihnen beginnt möglicherweise das Burnout.

61–70 Punkte:
Sie sind mitten im Burnout.

Über 75 Punkte:
Sie sind in einem fortgeschrittenen Stadium
des Burnouts.

Dieses Arbeitsblatt soll Ihnen einige allgemeine Leitlinien zur Bestimmung des Ausbrennens an die Hand geben. Es ist kein wissenschaftlich erarbeiteter Test. Wenn Sie aufgrund einer solchen Bestandsaufnahme jedoch das Gefühl bekommen haben, dass Sie Symptome des Ausbrennens aufweisen, sprechen Sie am besten mit einem Seelsorger oder Therapeuten und lassen sich beraten, wie es weitergehen kann.

2   Zehn Ursachen des Ausbrennens

Die Vereinigten Staaten sind auf der puritanischen Arbeitsethik begründet worden. Historisch gesehen ist harte Arbeit nach dieser Auffassung immer schon mit Rechtschaffenheit gleichgesetzt worden. Als junge Nation verdienten sich die Vereinigten Staaten rasch den Ruf des „Landes der unbegrenzten Möglichkeiten". Hart arbeitende, zähe Individualisten aus aller Herren Länder strömten zu Zehntausenden ins Land, um ihr Glück zu suchen und die Luft der Freiheit zu atmen.

Vor 200 Jahren waren 95 Prozent der arbeitenden Menschen in Amerika Selbstständige. Sogar heute noch träumen viele von einem eigenen Geschäft. Die Vereinigten Staaten waren während ihrer ganzen Geschichte mit einer Fülle energischer, zielorientierter Erfolgsmenschen gesegnet.

In Amerika sind auch einige der aggressivsten Wettbewerber der Welt zu Hause. Diese Tatsache ist mit dafür verantwortlich, dass das Burnout-Syndrom in den USA ein größeres Problem darstellt als irgendwo sonst in der Welt.

Ausbrennen ist der hohe Preis, den viele für große Erfolge zahlen. In diesem Kapitel werden wir einen Blick auf die zehn häufigsten Ursachen des Ausbrennens werfen:

- das Gefühl, getrieben zu sein
- das Unvermögen maßzuhalten
- der Versuch, alles selbst zu machen
- exzessive Beschäftigung mit Problemen anderer Menschen
- Nebensächlichkeiten, die zur Hauptsache werden
- unrealistische Erwartungen
- zu viel Routine
- eine falsche Vorstellung von Gottes Prioritäten
- eine schlechte physische Verfassung
- ständige Zurückweisung

Das Gefühl, getrieben zu sein

In den vergangenen Jahren habe ich Management-Kurse für eine ganze Reihe verschiedener christlicher Organisationen gehalten. Ich habe mit über 100 Missionaren und doppelt so vielen Pastoren ausgiebige Gespräche geführt. Außerdem habe ich mit zahllosen christlichen Geschäftsleuten über das Ausbrennen gesprochen. Dabei ist mir aufgefallen, dass Christen, die ausbrennen, sich häufig *getrieben* fühlen, aber nicht *berufen*. Sie verlieren die Tatsache aus den Augen, dass Gott sie in ihre jeweilige berufliche Aufgabe oder in ein Vorhaben gestellt hat – mit der Zusage, sie mit allem zu versorgen, was sie zur Ausführung brauchen.

Trotzdem fühlen sie sich genötigt, die Arbeit eher *für* Gott zu tun, als sie *durch* ihn vollbringen zu lassen. Sie verlassen sich auf ihre eigene Stärke statt auf die Gottes.

Sie reiben sich auf, indem sie sich auf die Taten selbst konzentrieren statt auf deren letztlichen Sinn und Zweck.

Mildred Bates zum Beispiel war Chorleiterin einer kleinen Kirchengemeinde in Texas. Sie hatte ständig Schwierigkeiten, genug Leute für ihren Chor zusammenzutrommeln. Häufig kamen nicht einmal genug Stimmen für ein gutes Quartett – von einem Chor ganz zu schweigen. Weil sich die Gemeinde keine Chorgewänder leisten konnte, mobilisierte Mildred eine Gruppe von Frauen aus der Gemeinde, die welche nähten. Als einmal unter der Woche die Orgel kaputtging, zahlte sie die Reparatur aus eigener Tasche, damit sie für den sonntäglichen Auftritt des Chors einsatzfähig war.

Als ich Mildred begegnete, war sie keine Chorleiterin mehr und trug sich mit dem Gedanken, die Gemeinde zu verlassen. Auf Anraten ihres Pastors besuchte sie eines meiner Seminare über das Ausbrennen.

In der Kaffeepause stellte sie sich mir vor und erzählte mir ihre Geschichte: „Die Osterkantate im letzten Jahr war der Tropfen, der das Fass zum Überlaufen brachte", berichtete sie. „Ich konnte nicht genug Leute für alle Stimmen zusammenbekommen. Der Ältestenrat meinte, wenn wir nicht genug Leute aus unseren eigenen Reihen mobilisieren könnten, bräuchten wir auch keine Kantate."

Sie schüttelte den Kopf. „Ich weiß nicht, was mit denen los ist. Wir hatten immer eine Osterkantate, solange ich in diese Gemeinde gehe – und das sind über zehn Jahre." Mildred schilderte mir eindrucksvoll, wie sie sich mit dem Gemeinderat zusammengesetzt hatte, um ihn dazu zu bewegen, Leute von außerhalb der Gemeinde mitsingen zu lassen. „Als sie sich weigerten, reichte ich meine Kündigung ein. Und jetzt halte ich nach einer neuen Gemeinde Ausschau!", schloss sie wütend.

Mildred ist ein Musterbeispiel für jemanden, der *getrieben* ist statt *berufen*. Sie nahm die Dinge selbst in die Hand und war wild entschlossen, ihren Chor durchzuziehen, selbst wenn kein Mensch mitmachen wollte. Tatsächlich war es *Mildreds* Chor, nicht der Chor der Gemeinde oder der Chor des Herrn.

Mildred hatte sich nie gefragt, warum so wenige Leute mitsingen wollten. Sie hatte den Sinn eines Chores völlig aus den Augen verloren und die Sache nur um ihrer selbst willen betrieben!

Wenn wir einmal Sinn und Zweck einer Sache aus den Augen verloren haben, aber uns dann immer noch getrieben fühlen, sie weiterzuverfolgen, sind wir zu Spitzenkandidaten für ein Burnout geworden. Wenn wir uns zu einer Aufgabe getrieben fühlen, verletzen wir in Wahrheit Gottes Willen, denn er sagt: „Tut eure Arbeit mit Eifer und Freude, als würdet ihr Gott dienen und nicht Menschen" (Kolosser 3,23).

Menschen, die zu einer Arbeit getrieben werden, haben gewöhnlich die Einstellung: „Ich werde diese Aufgabe bewältigen, und wenn sie mich umbringt!" Und womöglich tut sie das auch. Sie tun die Arbeit, damit sie gemacht ist, nicht notwendigerweise, weil sie sie gern tun oder weil sie wichtig ist. Obwohl sie die Arbeit anfangs vielleicht gemocht haben, schwinden Befriedigung und Freude immer mehr.

Der Vers drückt auch aus, dass wir unsere Arbeit als eine Berufung von Gott verstehen sollen. Leute, die getrieben werden, tun die Arbeit für sich selbst, nicht für den Herrn – auch wenn sie sich dessen nicht bewusst sein mögen.

Getriebene Menschen sind frustriert, und wer von seiner Arbeit frustriert ist, wird am Ende ausbrennen.

Das Unvermögen maßzuhalten

Erfolgreiche christliche Leiter fühlen sich nicht nur hin und wieder getrieben, sie haben gewöhnlich auch Schwierigkeiten, das rechte Maß zu finden. Wer ausbrennt, hat nicht gelernt, sein Leben im Gleichgewicht zu halten. Von seinen Freunden wird er gewöhnlich als „Workaholic", Arbeitssüchtiger, bezeichnet (und seine Familie möchte ihn gelegentlich noch ganz anders nennen!).

Vor meinem eigenen Burnout haben meine Familie und Freunde immer zu mir gesagt: „Myron, du musst kürzertreten. Du kannst nicht alles an einem Tag machen. Du musst lernen, auch einmal ein bisschen auszuspannen." Jeden Abend nahm ich Arbeit mit nach Hause und verbrachte die Wochenenden zumindest teilweise damit, wenigstens bei einer meiner Firmen wieder auf den neuesten Stand zu kommen. Aber ich schaffte es nie. Bevor ein Projekt fertig war, hatte ich längst zwei neue angefangen.

Acht Jahre lang war ich nicht ein einziges Mal mit meiner Familie in Urlaub gewesen. Ich reiste beruflich sehr viel, und allein schon der Gedanke, mir freizunehmen, um noch mal irgendwohin zu fahren, war mir zuwider. Um mein Gewissen zu beruhigen, brachte ich meine Familie über ein Wochenende zu Verwandten oder Freunden. Während sie weg waren, versuchte ich wieder, auf den neuesten Stand zu kommen, oder nutzte die Zeit, um ein neues Projekt anzufangen.

Vielen Pastoren und anderen christlichen Leitern fällt es schwer, sich im Gleichgewicht zu halten – wegen des Drucks, unter den sie ihr „wichtiger und dringender" Dienst setzt. Aber niemand kannte die Wichtigkeit und Dringlichkeit seines Dienstes so sehr wie Jesus. Er kam, um die Verlorenen zu suchen und zu retten, und er hatte dafür nur drei kurze Erdenjahre Zeit.

Beachten Sie, wie Lukas das Anwachsen der Popularität und der Anforderungen an Jesus beschreibt: „Doch trotzdem verbreitete sich das, was er tat, noch schneller, und die Menschen strömten herbei, um ihn predigen zu hören und von ihren Krankheiten geheilt zu werden" (Lukas 5,15).

Wäre Jesus ein typischer Erfolgsmensch gewesen, wäre die Länge seines Arbeitstages proportional zu den Anforderungen an seine Zeit gewachsen. Aber beachten Sie, wie Jesus seinen wachsenden Dienst handhabte: „Jesus zog sich jedoch immer wieder zum Gebet in die Wüste zurück" (Vers 16).

Als die Anforderungen an Jesus zunahmen, verbrachte er auch mehr Zeit allein für seine geistliche und persönliche Erneuerung. Er entzog sich dem Druck seiner Arbeit und ging in die Stille, um Zeit zur Entspannung und zum Gespräch mit Gott zu haben. Es war ihm klar, dass er sich nicht voll in seine Aufgabe hineinwerfen konnte, ohne sich zwischendurch psychisch, physisch und geistlich zu regenerieren.

Wenn Jesus es nötig hatte, maßzuhalten und seine Arbeit mit geistlicher und physischer Regeneration auszubalancieren, dann haben wir das umso nötiger. Maßvoll zu bleiben und Arbeit, geistliches Leben und Ausspannen in der Balance zu halten, ist die beste Versicherungspolice gegen das Ausbrennen!

Der Versuch, alles selbst zu machen

Erfolgsmenschen haben oft ein großes Bedürfnis nach Anerkennung. Sie meinen, sich oder anderen etwas beweisen zu müssen. Der Drang, alles selbst zu machen, hat nicht immer mit dem Unvermögen zu tun, Aufgaben an andere zu delegieren – obwohl auch das vorkommt. Oft will der Betroffene nur alles selbst tun, um die Anerkennung und den Beifall zu bekommen.

Bill zum Beispiel, ein guter Freund, steckt gerade in einem Burnout. Er war ein sehr erfolgreicher Geschäftsmann. Ich traf mich mit ihm, und im Gespräch erwähnte er beiläufig: „Mein ganzes Leben lang habe ich die Anerkennung meines Vaters gesucht. Er hat mich immer mit meinen Brüdern verglichen. Der eine hat im Sport mehr brilliert als ich, und der andere hat es zu einem besseren Schulabschluss gebracht. Ich glaube, ich habe versucht, härter zu arbeiten und mehr zu leisten als meine Brüder, um die Anerkennung meines Vaters und meiner Familie zu gewinnen. Als Kind ließ ich mir nie von meinen älteren Brüdern helfen, weil ich wollte, dass mein Vater sieht, wie gut ich alles allein kann." Seufzend setzte Bill hinzu: „Das Problem ist, dass ich dann weiter alles selbst tun musste, als ich erwachsen war."

Sicher ist nichts gegen harte Arbeit einzuwenden. Aber es fordert Schwierigkeiten geradezu heraus, wenn man die Probleme aller Leute meistern, alle Antworten geben, alle Aufgaben lösen, alle Arbeit allein tun will. Die meisten sehr produktiven Menschen sind sich ihrer persönlichen Grenzen nicht bewusst – tatsächlich denken viele von ihnen nicht, dass sie überhaupt welche haben. Sie hören nicht auf, sich mit Arbeit zu überfrachten, und weil sie hoch motiviert und effektiv sind, erreichen sie auch viel. Ihr Bedarf an Erfolg treibt sie zu immer noch mehr Leistung an. Weil solche Menschen dazu neigen, emotionale Hochs gerade durch ihre Erfolge zu erleben, haben sie oft eine scheinbar unerschöpfliche Energie.

Aber keine Maschine funktioniert auf Dauer ohne angemessene Wartung. Das gilt sicher auch für den Menschen. Wer immer alles selbst tun will, steuert auf psychische und physische Erschöpfung zu – und genau das ist Ausbrennen.

Ein solcher Erfolgsmensch sollte sich Psalm 127,2 in Erinnerung rufen: „Es ist umsonst, vom frühen Morgen bis in die späte Nacht hart zu arbeiten, immer in Sorge, ob ihr genug zu essen habt, denn denen, die Gott lieben, gibt er es im Schlaf."

Dieser Vers betont, dass ein solcher Zeitplan „umsonst" ist, denn Gott will, dass wir unsere angemessene Ruhe bekommen. Wir alle brauchen seelische und körperliche Erholung. Zum Vermeiden des Ausbrennens muss jeder von uns der Versuchung widerstehen, alles allein tun zu wollen.

Exzessive Beschäftigung mit Problemen anderer Menschen

Wer über längere Zeit in hohem Maß mit anderen Menschen und deren Problemen zu tun hat, ist mit großer Wahrscheinlichkeit ein Kandidat für das Ausbrennen. Fast alle christlichen Leiter sind ideale Zielscheiben dafür, denn sie haben fortwährend mit Menschen und ihren geistlichen, seelischen, finanziellen und sozialen Problemen zu tun.

Erinnern wir uns an Wayne Gardner, den Pastor. Er war mit der Zeit der geistliche Hirte und persönliche Seelsorger von immer mehr Menschen geworden. Am Ende begann er schließlich, negative Gefühle ihnen gegenüber zu entwickeln und ihre Anliegen als „lästige Unterbrechung" seiner Arbeitszeit anzusehen. Sein ständiger Umgang mit Menschen und ihren Problemen hing direkt mit seinem Ausbrennen zusammen und letztlich auch mit seinem Ausstieg aus dem Amt.

Der Apostel Paulus war sich wohl bewusst, welchen Stress der ständige Umgang mit Menschen verursacht. In seinem Brief an die Galater schreibt er: „Deshalb werdet nicht müde zu tun, was gut ist. Lasst euch nicht entmutigen und gebt nie auf, denn zur gegebenen Zeit werden wir auch den entsprechenden Segen ernten" (Galater 6,9). Warum sind wir entmutigt und wollen aufgeben? Eine der Ursachen ist, dass es oft sehr lange dauert, bis wir positive Resultate sehen, wenn wir mit Menschen seelsorgerlich arbeiten. Wir ändern uns alle nur langsam – aber wir *können* uns ändern: „Gebt nie auf, denn zur gegebenen Zeit werden wir auch den entsprechenden Segen ernten."

Jeder, der schon einmal versucht hat, mit Menschen zu arbeiten, weiß, dass das eine ganze Menge Geduld erfordert. Im Umgang mit Menschen gibt es viele Enttäuschungen. Menschen ändern sich nicht immer so rasch, wie wir es gern hätten. Oft geben wir dann uns selbst die Schuld und meinen, es liege an unserer falschen Beratung oder unserer Unfähigkeit, sie zu motivieren.

Leider sind die meisten Tatmenschen nicht gerade für ihre Geduld bekannt. Tatkräftige Leiter erleben oft besonders viel Stress, wenn sie mit Menschen zu tun haben. Und manchmal brennen sie aus, weil sie nicht so schnell vorankommen, wie sie gerne möchten.

Nebensächlichkeiten, die zur Hauptsache werden

Nach der Handelsschule nahm Willy Ferguson eine Stelle in einer Werkstatt für elektrische Heizungs- und Klimaanlagen an. Ein paar Jahre später machte er sich selbstständig. In zäher Arbeit wurde aus der Werkstatt allmählich ein Installationsunternehmen für Heizungs- und Klimaanlagen mit eigener Serviceabteilung.

Als ich Willy zum ersten Mal sah, war er ein Macher, wie ich noch nie einem begegnet war. Er wollte über nichts als über sein expandierendes Geschäft reden. Zahllose Bauunternehmer in unserer Stadt bestätigten, dass Willy mehr über Ausschreibungen im Heizungs- und Klimaanlagengeschäft wusste als jeder andere in der Stadt. Aber während sein Geschäft wuchs, beachtete er nicht, dass er in der kaufmännischen Geschäftsführung immer mehr im Sumpf der Alltagskleinigkeiten versank.

Statt eine Reinigungsfirma zu engagieren, blieb Willy jeden Tag nach Geschäftsschluss da und putzte eigenhändig Büro und Werkstatt. Er sagte mir: „Manche halten mich für verrückt, dass ich niemanden anstelle und das selber tue, aber ich denke, solange ich die Kraft dazu habe, kann ich das Geld sparen."

Mit der Wartung seiner Lkws war es das Gleiche. Statt sie in eine Fachwerkstatt zu geben, verbrachte Willy seine Wochenenden mit Ölwechseln, Waschen und Instandhalten seines Fuhrparks. Er hatte eine Schreibmaschine in seinem Büro, aber statt seine Sekretärin die Angebote tippen zu lassen, tat er es selbst. „Ich muss sichergehen, dass es ordentlich getan wird", sagte er mir. „Ein einziger Fehler könnte mich den Auftrag kosten."

Willy war gefangen in der Falle, Nebensächlichkeiten zur Hauptsache zu machen. Er versank in Details, die gut von jemand anderem hätten erledigt werden können.

Schließlich verkaufte Willy seine Firma. „Ich konnte einfach die Hetze nicht mehr ertragen", sagte er mir. „Ich konnte keine verlässliche Hilfe finden und hatte nicht genug Zeit, die Angebote richtig auszuarbeiten. Ich habe zu viele Ausschreibungen verloren, die ich nicht hätte verlieren dürfen."

Seufzend setzte er hinzu: „Ich bin zu der Erkenntnis gekommen, dass ein eigenes Geschäft sich nicht lohnt. Mir stehen die Menschen und die Probleme bis hier oben, mit denen ich in meiner Firma zu tun hatte. Es ist viel leichter, für jemand anderen zu arbeiten und ihm die Kopfschmerzen zu überlassen."

Willy ist ein treffliches Beispiel dafür, was passiert, wenn jemand Nebensächlichkeiten zur Hauptsache macht. Er hat sich den Luxus erlaubt, zu viel Zeit und Energie mit Arbeiten und Problemen zu verbringen, die er an andere hätte delegieren können. Seine Aufgabe wäre es gewesen, Angebote auszuarbeiten, nicht den Hausmeister zu spielen. Das bisschen Geld, das er durch diese Arbeiten sparte, kostete ihn ein Vielfaches an verlorenen Aufträgen. Die nachfolgende Frustration brachte ihn schließlich dazu, das Handtuch zu werfen. Willy und viele ähnliche Menschen wären nicht ausgebrannt, wenn sie nicht Nebensächlichkeiten zur Hauptsache erhoben hätten.

Unrealistische Erwartungen

Die meisten Erfolgreichen sind sich ihrer eigenen Grenzen nicht bewusst – in der Tat glauben sie oft, sie hätten überhaupt keine. Die Folge davon ist, dass sie sich unrealistische Ziele setzen und überzogene Anforderungen an sich selbst stellen. Sie treiben sich immer wieder in die Zerreißprobe.

Wer sich ständig unrealistische oder unerreichbare Ziele setzt, wird am Ende nur frustriert. Er versteht nicht, warum er seine Ziele nicht erreicht. Er fängt an, noch härter zu arbeiten. Aber je härter er arbeitet, desto frustrierter wird er, weil er sein Ziel nie ganz erreicht.

Solche Menschen fangen an, sich selbst als Versager zu betrachten. Denn Erfolgreiche können ihre Misserfolge nicht akzeptieren. Bei dem Versuch, Ziele zu erreichen, die von Anfang an unrealistisch waren, treiben sie sich bis zu einem Punkt totaler seelischer, geistiger und physischer Erschöpfung.

Setzt man seine Ziele zu hoch an, so sind Fehlschläge besonders frustrierend. Das Selbstbild wird angeschlagen. Das Verfehlen gesteckter Ziele raubt dem Betroffenen die zur Motivation notwendige positive Rückmeldung. Will er ein positives Bild von sich behalten, so braucht er Erfolg.

Der Leiter einer großen Freikirche in den Vereinigten Staaten sagte mir einmal: „Viele unserer brillanten Pastoren, die frisch vom Seminar kommen, brennen bereits an ihrer ersten Stelle aus, weil sie unrealistische Ziele und Erwartungen haben. Sie meinen, sie müssten dazu imstande sein, in den ersten paar Jahren eine kleine, ums Überleben kämpfende Gemeinde zu einem Mega-Unternehmen zu machen. Tatsächlich geben viele von ihnen dann schließlich auf, weil sie den Anforderungen und Zielen, die sie sich selbst auferlegt haben, nicht entsprechen. Sie meinen dann, sie seien für solche Aufgaben einfach nicht geschaffen.‟

„Eifer ohne Wissen ist nicht gut; ein Mensch, der es allzu eilig hat, verfehlt leicht den richtigen Weg‟ (Sprüche

19,2). Erfolgreiche Menschen zeichnen sich gewöhnlich durch viel Eifer, Strebsamkeit und Energie aus. Aber häufig mangelt es ihnen an Weisheit bei der Festlegung ihrer persönlichen Ziele. Unrealistische Erwartungen führen mit geradezu tödlicher Sicherheit zum Ausbrennen!

Zu viel Routine

Während eines Gesprächs über das Burnout sagte mir eine Frau: „Als ich an meinem neuen Arbeitsplatz anfing, war ich voller Elan. Es war die Art Stelle, die ich immer haben wollte. Aber am Ende wurde ich dermaßen depressiv und frustriert, dass ich sie aufgeben musste." Sie fuhr fort: „Montags waren die Rechnungen dran, dienstags die Verkaufsprovisionen, mittwochs die Lohnabrechnung … jede Woche dasselbe. Ich hatte immer mit denselben Leuten und denselben Problemen zu tun."

Sie lachte. „Tatsächlich wurde mein ganzes Leben zu einer einzigen Routine. Montagabends erledigte ich die Wäsche, mittwochabends ging ich zur Kirche, und freitagabends hatte ich Sex mit meinem Mann, ob ich dazu in Stimmung war oder nicht."

Routine saugt jegliches Abenteuer aus unserem Leben, jedes Wagnis. Sie zerstört unsere Kreativität und macht aus innovativen Menschen Roboter. Wer zu viel Routine in seinem Leben zulässt, hat den ersten Schritt zum Ausbrennen bereits getan. Er lässt Dinge *geschehen,* statt sie zu *tun.* Er ist auf dem Weg zur Apathie – und die ist eine nahe Verwandte des Burnouts.

Andererseits kann Routine auch etwas Gutes sein, wenn sie zur Ausbildung positiver Gewohnheiten führt, die uns frei machen für kreativere Vorhaben. Manche Berufe haben sehr viel mit Routine zu tun. Wir müssen lernen, die Routine in unseren Dienst zu stellen, indem wir die Zeit, die sie uns verschafft, gebrauchen, um über kreativere Ideen nachzudenken. Sonst erwartet uns um die Ecke das Ausbrennen.

Eine falsche Vorstellung von Gottes Prioritäten

Besonders viele christliche Führungspersönlichkeiten haben eine falsche Vorstellung von Gottes Prioritäten. Sie machen Gottes Arbeit zu *ihrer* Arbeit. Doch so arbeiten sie letztlich nicht für Gott, sondern für sich selbst.

Sie lassen auch zu, dass ihre Arbeit für Gott ihr Leben ins Ungleichgewicht bringt. Sie rechtfertigen die Vernachlässigung ihrer Familie mit der Wichtigkeit ihres Dienstes. Ihr ganzes Leben dreht sich um *ihren* Dienst. Sie vereinnahmen sämtliche Freunde für ihren Dienst. Wenn sie an einem Wochenende weggehen, dann nur mit Kollegen. Wenn sie eine Partie Tennis oder Golf spielen, dann mit Leuten aus ihrem Dienst. Wenn sie am Abend Gäste haben, dann nur, um dienstliche Angelegenheiten zu besprechen.

Ich hatte die Gelegenheit, mit vielen solchen Leuten zu arbeiten. Leider merken sie normalerweise nicht, dass bei ihnen etwas nicht stimmt. Im Gegenteil: Sie sind oft ausgesprochen selbstgerecht wegen ihrer „Hingabe" an ihren

Dienst und wegen ihres „Einsatzes". Aber solche Leute halten klaren Kurs auf das Ausbrennen. Ihr Leben ist aus dem Gleichgewicht. Es ist nur eine Frage der Zeit, bis sie psychisch, physisch, geistig und auch geistlich ausgelaugt sind.

Schlechte physische Verfassung

Ein in den USA berühmter Trainer sagte einmal: „Müdigkeit macht jeden von uns zum Feigling." Eine schlechte physische Verfassung ist eine der Hauptursachen für das Ausbrennen.

Erfolgreiche Menschen überschreiten ihre physischen Grenzen leicht, denn sie haben jede Menge Antrieb und Energie. Sie müssen ihren Körper fit halten, um mit ihrem geistigen und seelischen Schwung mithalten zu können. Um noch einen Kongress einschieben zu können, habe ich mehrmals die ganze Nacht am Steuer gesessen, bin morgens ohne ausreichenden Schlaf losgegangen, habe Mahlzeiten übersprungen und so weiter. Diese Art Terminplan ist allen Erfolgreichen gemeinsam.

Ich habe an mir selbst beobachtet, dass ich seelisch und geistig sehr viel verwundbarer bin, wenn ich meine physischen Bedürfnisse ignoriere. Eine stabile Gesundheit ist eines der besten Mittel gegen das Ausbrennen. Wir müssen körperlich fit sein, um unser seelisches und geistiges Wohlbefinden zu erhalten. Achten Sie auf genug Schlaf, vernünftige Essgewohnheiten und Ausgleichssport!

Ständige Zurückweisung

Lloyd Dobson verkaufte Töpfe und Pfannen an der Wohnungstür. Er sagte mir: „Ich habe ordentlich verdient, ich hatte gute Produkte und mochte den Umgang mit Menschen. Aber schließlich musste ich aufhören, weil ich all diese Neins nicht mehr ertragen konnte, die ich in Kauf nehmen musste, bevor ich endlich auch ein positives Ja hören konnte." Henry Hudson führt ein großes Warenhaus. Vor Kurzem hat er zu mir gesagt: „Unser größtes Fluktuationsproblem haben wir in der Reklamationsabteilung. Wenn ich jemanden dort zu lange lasse, kündigt er bald, weil er die ständigen Beschwerden und das Gemecker der Leute nicht mehr aushalten kann. Ich habe mir angewöhnt, die Leute in dieser Abteilung regelmäßig auszutauschen. In den ersten Wochen werden sie gut mit den Beschwerden der Kunden fertig, aber nach ein paar Monaten fangen sie an, sich beim kleinsten Anzeichen der Unzufriedenheit provozieren zu lassen. Wenn es so weit ist, weiß ich, dass ich sie rausziehen muss, sonst verliere ich sie."

Wer ständigen Zurückweisungen ausgesetzt ist, wird ein Vorzugskandidat für Burnout. Zu viele Zurückweisungen erzeugen bei jedem eine negative Einstellung anderer Menschen, unserer Arbeit und uns selbst gegenüber.

Das Problem taucht auf, sobald wir die Zurückweisungen persönlich nehmen. Wir müssen uns klarmachen, dass Menschen unsere Produkte oder Dienstleistungen zurückweisen und nicht uns selbst. Beherzigen wir das, so werden uns negative Reaktionen nicht mehr so treffen, sondern uns dazu herausfordern, ihnen offen zu begegnen.

3 Faktoren, die zum Ausbrennen beitragen

Zusätzlich zu den zehn Faktoren im vorherigen Kapitel gibt es eine Reihe anderer Auslöser, die zum Ausbrennen beitragen: unser Umfeld, unsere berufliche Position, unsere Persönlichkeit, unsere Stimmungslage. Lassen Sie uns zuerst einmal den Einfluss unserer Gesellschaft betrachten.

Der Einfluss unserer Gesellschaft auf das Ausbrennen

Die Wettbewerbsgesellschaft

Wir leben in einer der wettbewerbsintensivsten Gesellschaften der Welt. Das macht begreiflich, warum das Burnout-Syndrom in westlichen Ländern eine größere Rolle spielt als anderswo.

Erfolgsmenschen sind naturgemäß ausgesprochen wettbewerbsorientiert. Man erreicht nie ein hohes Niveau, wenn man sich mit durchschnittlichen Leistungen zufriedengibt. In der Tat fühlen Erfolgreiche sich oft sogar dann als Versager, wenn sie „nur" den zweiten Platz erreichen.

Ich erinnere mich noch gut an meine erste Kostprobe dessen, was Wettbewerb ist. Im reifen Alter von sechs Jahren nahm ich auf einem Volksfest an einem Wettrennen mit Gleichaltrigen aus dem ganzen Land teil. Ich war zwar nicht gerade groß, aber ich war schneller als alle anderen Erstklässler in meiner Schule. Ich konnte sogar alle Zweitklässler und eine ganze Menge Drittklässler schlagen.

Ich hatte noch nie ein Rennen gegen einen Gleichaltrigen verloren. Aber an jenem Tag auf dem Volksfest wurde ich nur Zweiter. Zuerst war ich einfach überrascht, dass ein Schüler meines Alters schneller war als ich, weil das noch nie zuvor passiert war. Aber ich weiß noch, wie ich mich dann innerlich ausgesprochen schlecht fühlte, als mir aufging, dass ich geschlagen worden war.

Nach dem Rennen hob einer der Juroren den Jungen, der mich besiegt hatte, auf seine Schultern, damit ihn alle sehen konnten, und sie jubelten und applaudierten. Als er dann den Sieger wieder auf die Erde stellte, gab er ihm einen goldenen Pokal. Obwohl ich Zweiter war, nur ein paar Schritte hinter dem Sieger, war alles, was ich erhielt, ein Kopftätscheln und ein kleines rotes Schleifchen mit dem Wort „Zweiter" in Goldbuchstaben.

Ein Haufen Kinder umringte den Sieger, bewunderte seine blitzende, goldene Trophäe und klopfte ihm auf den Rücken. Jemand von der Zeitung war da, um den Sieger zu fotografieren. Ich ging weg, und nur zwei oder drei meiner Freunde haben mich überhaupt wahrgenommen. Bruce, mein bester Freund, sagte: „Ist schon in Ordnung, Myron. Der zweite Platz ist doch auch toll."

Aber alle Anstrengungen meines Freundes, mich zu trösten, halfen nichts. Ich wickelte das Band zusammen, steckte es in die Tasche, ging hinüber zwischen die parkenden Autos, wo niemand mich sehen konnte, und weinte. An diesem Tag lernte ich mehrere Dinge: Die Gesellschaft liebt den Sieger; es gibt immer einen mit ein bisschen mehr Talent; ich hasste es, zu verlieren. Dieses Rennen auf dem Volksfest war mein erster offizieller Schritt in die Wettbewerbsgesellschaft, in der wir leben. Rasch lernte ich, dass Wettbewerb eine Lebensart ist – meine Lebensart!

Innerhalb von wenigen Jahren kämpfte ich mit anderen um die Aufnahme in das Basketballteam der Grundschule, dann in der höheren Schule und später sogar um einen Platz im Basketballteam auf dem College. Ich kämpfte in der Schule um gute Noten und auf dem College um Aushilfsjobs, und schließlich, nach dem College, um eine Vollzeitbeschäftigung. Als Geschäftsmann kämpfte ich mit anderen um Aufträge und um qualifizierte Mitarbeiter.

Wohin wir uns auch wenden, wir sind mit Wettbewerb konfrontiert. Für den ehrgeizigen Erfolgsmenschen ist der Wettbewerb ein motivierender Erfolgsfaktor. Er kann aber auch zu einer Kraft werden, die uns ausbrennen lässt.

Erfolgreiche lieben die Herausforderung des Wettbewerbs geradezu. Je größer der Wettbewerb, desto härter arbeiten sie, um zu gewinnen. Das Ergebnis ist, dass sie sich über ihre physischen und psychischen Grenzen hinaustreiben – in die Fänge des Burnouts.

Eine andere Kraft in unserer Gesellschaft ist die Übertreibung, mit der die Werbebranche den Erfolg darstellt. Sie möchte uns gern glauben machen, dass Erfolg und Glück sich daran messen lassen, wie viel wir uns kaufen können und was für Preisschilder an dem Gekauften hängen.

Viele Menschen verfallen der Sucht, große Mengen materieller Besitztümer anzusammeln, nur um dann zu entdecken, dass die weder das wahre Glück bewirken noch wirklichen Erfolg repräsentieren.

Jack Anderson war so ein Mann. Ich begegnete ihm auf einem von mir geleiteten Seminar über das Ausbrennen, und am nächsten Tag lud er mich zum Essen ein. „Ich habe mein ganzes Leben damit zugebracht, ein Finanzimperium aufzubauen", sagte er. „Vermutlich wissen nur meine Buchhalter wirklich, wie viel ich wert bin."

Jack brauchte eine halbe Stunde, um mir zu erzählen, wie seine Mutter eine Familie mit fünf Jungen und vier Mädchen in den Jahren der großen Depression aufgezogen hatte, indem sie tagsüber für andere gewaschen und geputzt und nachts in einer Bäckerei gearbeitet hatte. „Ich bin mit der Entschlossenheit aufgewachsen, all die Dinge der Leute zu besitzen, deren Häuser meine Mutter geputzt hat", sagte Jack, „und mit harter Arbeit und einem bisschen Glück habe ich tatsächlich viel Geld verdient."

Jack erzählte von seinen Immobilien-Holdings, seinen Bergbaugesellschaften und Auslandsinvestitionen. Er besaß ein paar der teuersten Autos der Welt und zwei Sommerhäuser auf Hawaii und in Colorado.

Noch bevor das Essen zu Ende war, wusste ich jedoch, dass Jack ein ausgesprochen müder, frustrierter Mann war, der ausgebrannt war, während er all das Geld verdient und seine Besitztümer erworben hatte, nur um im Alter von 62 Jahren herauszufinden, dass sie ihm nicht das erwartete Glück gebracht hatten. Im Gespräch sah ich unter diesem teuren Anzug und dem Seidenhemd einen durch und durch einsamen, verletzten, physisch und emotional ausgelaugten Mann. Er war dreimal geschieden und lebte jetzt allein. Seine Kinder wollten ihn nicht besuchen, nicht einmal an Weihnachten, und er hatte in den letzten Jahren mehrmals mit dem Gedanken an Selbstmord gespielt.

Leider gibt es viele Jacks. Vielleicht haben sie nicht ganz so viel Vermögen angesammelt wie er, aber sie arbeiten die ganze Zeit daran. Und sind wie er Kandidaten fürs Ausbrennen. Auch sie werden irgendwann erkennen, dass die Verheißungen der Werbebranche die begehrten Resultate nicht hervorbringen können.

Der Druck auf Frauen, außer Haus zu arbeiten

Berufstätige Frauen repräsentieren eine der größten Gruppen, die heute vom Burnout betroffen sind. In der Vergangenheit brachte man das Burnout-Syndrom nur mit Männern in Leitungsfunktionen in Verbindung. Aber in den letzten Jahren hat eine große Zahl von Frauen, vor allem Mütter und hier besonders berufstätige, leidvolle Erfahrungen mit dem Ausbrennen gemacht.

Diese Frauen spüren oft den Druck, ungeachtet ihrer beruflichen Anspannung auch noch den ganzen Haushalt allein schmeißen zu müssen. Wenn ein Paar Kinder hat, vergrößert sich die Arbeitslast der Frau beträchtlich; der Mann mag sie ihr erleichtern, indem er einige Haushaltspflichten übernimmt … oder auch nicht.

Mit der Familie wachsen auch die finanziellen Verpflichtungen. Man braucht eine größere Wohnung, ein größeres oder zweites Auto, Geld für Kindergarten und Schule – die Liste kann ins Unendliche fortgesetzt werden. Die Frau ist tagsüber häufig vollzeitig berufstätig, um die steigenden Kosten aufzufangen. Aber wenn sie abends nach Hause kommt, wird von ihr auch noch erwartet, dass sie hauptberuflich Mutter ist, dazu Köchin, Putzfrau und Geliebte.

Kein Wunder, dass gerade berufstätige Mütter besonders gefährdet sind.

Das enorme Tempo unserer Gesellschaft

Nie zuvor hatte die Welt eine so rasante Gangart wie heute. Jahrtausendelang war das schnellste Fortbewegungsmittel das Pferd. Innerhalb weniger Generationen hat sich so vieles geändert. In den letzten 100 Jahren sind wir sozusagen vom Pferderücken auf die Weltraumrakete umgestiegen. Informationen, die zu sammeln noch vor wenigen Jahren Monate gekostet hätte, werden nun von hochgezüchteten Computern sekundenschnell erfasst und analysiert. Moderne Technik macht es möglich, dass wir zu Hause am Fernseher Ereignisse auf der anderen Seite der Welt verfolgen können, als stünden wir direkt daneben. Dazu sind viele Erfolgreiche ständig online und erreichbar durch die Computer- und Handy-Welt. Der Stress lässt nie nach.

Die meisten von uns stimmen in der Auffassung überein, dass die moderne Technik uns mehr Lebensqualität gebracht hat – aber auch zusätzliche Probleme. Unsere moderne, sich rasch wandelnde Gesellschaft ist ein wahres Treibhaus für Stress geworden, der zum Ausbrennen führt.

Der Versuch, mit den Meiers und Müllers von nebenan mitzuhalten

Der Versuch, mit den Leuten in unserer Umgebung mitzuhalten, ist ein weiterer Faktor, der zum Ausbrennen beiträgt. Menschen möchten nun einmal von Natur aus nicht gern von anderen ausgestochen werden. Sie fühlen sich genötigt, alles besser zu machen als vergleichbare andere. Wenn der Nachbar seinen Garten von einem Landschaftsgärtner gestalten lässt, muss ihr eigener Garten noch schöner sein. Wenn ein Kollege ein neues Auto kauft, müssen sie ein besseres haben.

Das Ende vom Lied kann enormer finanzieller Druck sein. Er kann einen Menschen dazu bringen, noch härter zu arbeiten, um mit den Meiers und Müllers gleichzuziehen und sie zu übertreffen. Dieser Druck trägt auch zu der physischen und emotionalen Spannung bei, die am Ende zum Ausbrennen führt.

Was unsere Arbeitsplätze zum Ausbrennen beisteuern

Ein durchschnittlicher Erwerbstätiger verbringt etwa 40 Stunden in der Woche am Arbeitsplatz. Das ist etwa ein Viertel der 168 Stunden einer Woche. Die meisten Burnout-Kandidaten verbringen jedoch 50 bis 60 Wochenstunden auf der Arbeit, also unter Umständen mehr als ein Drittel ihrer Zeit.

Hinzu kommt, dass der durchschnittliche Erwerbstätige normalerweise seine Arbeit abends, an Wochenenden und auch sonst, wenn er nicht am Arbeitsplatz ist, vergessen kann. Der Erfolgreiche nimmt aber in der Regel Arbeit mit nach Hause, verbringt häufig einen Teil des Wochenendes damit und denkt über arbeitsbezogene Pläne und Projekte nach. Der Erfolgreiche verwendet im Allgemeinen viel mehr geistige und emotionale Kraft auf seine Arbeit als andere Erwerbstätige.

Aufstieg auf der Karriereleiter

Unabhängig davon, wie weit unten Erfolgstypen auf der Karriereleiter beginnen, sie streben nach einer der höchsten Positionen – und zwar in einer nicht zu fernen Zukunft. Wegen ihrer Fähigkeiten steigen sie schneller auf als andere, weniger aggressive Kollegen.

Aber je näher man der Spitze der Leiter kommt, desto weniger Positionen gibt es, und desto stärker sind sie umkämpft. Bei diesem Rennen brennen viele aus.

Das Gefühl, nicht mithalten zu können

Wie oben erwähnt erlebt unsere Gesellschaft auf dem Gebiet der Technik eine wahre Explosion. Dies erzeugt eine Informationsflut und mit ihr die Notwendigkeit, sich fortlaufend auf dem neuesten Stand zu halten.

Es ist nicht ungewöhnlich, dass Studenten, die frisch von der Universität kommen, mit den letzten technischen Entwicklungen besser vertraut sind als erfahrene Angestellte, die schon jahrelang in ihrem Fachgebiet tätig sind. Rascher technischer Fortschritt, gepaart mit der Informationsflut, kann ein Gefühl der Unzulänglichkeit erzeugen – besonders aber bei Erfolgsmenschen. Macher, die auf Gebieten mit raschem technischem Fortschritt arbeiten, sehen sich in einer ständigen Aufholjagd, und oft endet sie mit dem Ausbrennen.

Unzulängliche Manager und Vorgesetzte

Manager und Vorgesetzte spielen oft eine wichtige Rolle beim Ausbrennen von Erfolgsmenschen. Letztere können zum Beispiel weniger begabten Vorgesetzten das Gefühl der Bedrohung vermitteln. Die Vorgesetzten versuchen dann vielleicht, solche Aufsteiger unter Kontrolle zu halten, indem sie ihre Entscheidungsbefugnis oder ihr Aufgabengebiet beschneiden.

Auf die Betroffenen kann das ausgesprochen entmutigend wirken. Sie bekommen den Eindruck, dass ihre Gaben und Fähigkeiten nicht effektiv eingesetzt werden. Das kann Spannungen erzeugen und zu innerbetrieblichen Reibereien führen. Der ohnehin schon große berufliche Stress wird so noch weiter verschärft.

Mangelnde Flexibilität

Karrieretypen sind häufig sehr kreative Menschen. Sie brauchen immer neue Herausforderungen. Wenn ihre Position in der Firma ihre Flexibilität einschränkt oder zu viel Routine beinhaltet, können sie gelangweilt und frustriert werden. Wie wir schon in einem vorherigen Kapitel gesehen haben, erzeugt auch das Stress, der am Ende zum Ausbrennen führen kann.

Persönlichkeit und Charakter

Persönlichkeit und Charakter spielen eine große Rolle beim Entstehungsprozess des Ausbrennens. Menschen, die für das Ausbrennen anfällig sind, haben in der Regel bestimmte Persönlichkeits- und Charaktereigenschaften. Inwiefern tragen diese zum Ausbrennen bei? Lassen Sie uns einmal einen kurzen Blick auf sie werfen.

Sie sind willensstark und entschlossen

Menschen mit großer Willenskraft und Entschlossenheit hassen es, aufgeben und eine Niederlage einstecken zu müssen. Sie treiben sich häufig selbst an ihre physischen und psychischen Grenzen, um etwas zu erreichen. Infolgedessen zahlen sie oft einen hohen physischen und psychischen Preis für den Erfolg.

Sie sind entscheidungsfreudig

Macher fürchten sich nicht vor Entscheidungen, auch wenn es ihnen an allen Fakten mangelt. Deshalb treffen sie nicht immer die besten Entscheidungen, aber sie sind gewillt, dafür mit harter Arbeit zu zahlen. Das bedeutet, dass sie oft wegen ihrer notorischen Ungeduld schwerer als nötig für ihren Erfolg arbeiten müssen, weil sie zu früh zur Tat geschritten sind.

Sie neigen zur Autarkie

Erfolgsmenschen tun gewöhnlich lieber alles selbst, bevor sie sich die Zeit nehmen, jemand anderem zu zeigen, wie's geht. Sie verlieren sich oft in Details, die von anderen getan werden könnten. Sie neigen auch dazu, Zeit damit zu verschwenden, lieber etwas selbst herausfinden zu wollen, als jemanden um Hilfe zu bitten. Wieder kompensieren sie die verlorene Zeit durch härtere Arbeit. Und sie fühlen sich gut, wenn sie es schaffen, ohne jemand anderen um Hilfe gebeten zu haben.

Sie haben Selbstvertrauen

Einer der Gründe, warum sie nicht um Hilfe bitten, ist ihre Selbstsicherheit. Sie wissen genau, dass sie die Aufgabe irgendwie lösen werden. Sie sind sich ihrer eigenen Fähigkeiten sehr sicher und neigen dazu, ihrem eigenen Urteil mehr zu vertrauen als dem anderer. Sie können mit einer langen Reihe von Erfolgsstorys aufwarten, auch solchen, in denen sie als Einzige recht behielten und alle anderen sich irrten. Es fällt ihnen immer leichter, sich auf sich selbst zu verlassen als auf andere.

Sie sind häufig Perfektionisten

Erfolgreiche stellen gewöhnlich hohe Ansprüche an sich selbst und andere. Sie hassen schlampige Arbeit und streben danach, bei allem, was sie tun, die Besten zu sein. Deshalb fordern sie häufig mehr von sich, als andere von ihnen verlangen würden. Sie setzen sich übertriebenem Druck aus, um viel mehr als ihre Pflicht zu tun.

Sie verstehen es, systematisch zu arbeiten

Erfolgsmenschen haben immer Pläne und arbeiten mit der ganzen Energie, die sie aufbringen können. Sie setzen die Dinge in Gang, statt sie einfach geschehen zu lassen. Sie wissen nicht nur, wohin die Reise geht, sondern auch, wie man dort hinkommt. Ihr Leben ist geordnet und zweckmäßig, sie hassen Unordnung und Chaos. Bei ihnen hat alles Sinn und Ziel, sie probieren nie einfach so herum, um zu sehen, was dabei herauskommt.

Sie widersetzen sich häufig Reglementierungen

Erfolgreiche fühlen sich leicht beengt und unter Druck gesetzt, wenn von ihnen verlangt wird, nach zu vielen Regeln und Vorschriften zu arbeiten. Sie wollen und brauchen für ihre Arbeit Freiheit, Flexibilität und Improvisation. Daher sind sie leicht frustriert, wenn man ihnen allzu viele Grenzen, Vorschriften und Regulierungen auferlegt. Sie haben ein großes Bedürfnis, auf ihre Art zu arbeiten.

Sie sind positiv, optimistisch und begeisterungsfähig

Sie haben großes Vertrauen in sich und ihre Fähigkeiten. Sie neigen dazu, einer Sache selbst dann einen positiven Aspekt abzugewinnen, wenn alles dagegen spricht. Das bringt sie manchmal dazu, auch dann noch an einem

Projekt festzuhalten, wenn sie es längst hätten aufgeben sollen.

Sie sind ausgesprochen zielorientiert

Erfolgreiche überlassen nichts dem Zufall. Sie haben alles in der Hand. Aber weil ihre Ziele nicht immer realistisch sind, müssen sie sich häufig zu übergroßen Anstrengungen treiben, um sie zu erreichen. Ihre Energie und Entschlossenheit machen es möglich, dass sie ihre ehrgeizigen Ziele doch noch erreichen, obwohl sie auf Dauer einen hohen physischen und emotionalen Preis dafür zahlen.

Sie sind meist unabhängig und manchmal Einzelgänger

Wie wir schon gesehen haben, tun sie lieber ihre Arbeit selbst, als um Hilfe zu bitten. Sie neigen dazu, allein und unabhängig von anderen zu arbeiten. In einem Team haben sie häufig Schwierigkeiten.

Sie sind risikofreudig

Erfolgreiche fürchten sich im Allgemeinen nicht vor dem Unbekannten. Sie neigen dazu, Dinge zu riskieren, bei denen immer die Chance besteht, viel zu gewinnen und viel zu verlieren. Ein solches Umfeld verhilft ihnen zu der Extraportion Motivation, die sie bisweilen brauchen, um aus etwas Gewöhnlichem etwas Großartiges zu machen.

Sie suchen den Wettbewerb

Erfolgsmenschen *wollen* nicht nur gewinnen, sie *müssen* es. Sie sind normalerweise gewillt, jeden erforderlichen Preis für den Erfolg zu zahlen. Oft genug ist der Preis für solche hohen Siege und Erfolge das Ausbrennen.

Sie suchen den Aufstieg und die Anerkennung, die er verschafft

Viele Erfolgreiche haben ein übertriebenes Bedürfnis nach Erfolg, weil sie sich tief im Innern unsicher fühlen. Sie benutzen ihren Erfolg dazu, Selbstvertrauen und ein positives Selbstbild aufzubauen. Das kann sie in eine regelrechte Sucht nach Erfolg führen und sie dazu bringen, dass sie sich über ihre Grenzen hinaustreiben.

Sie müssen immer Herr der Lage bleiben

Erfolgreiche haben das starke Bedürfnis, immer alles unter Kontrolle zu haben, und sie geben diese Macht nicht gern ab. Sie möchten ihr Schicksal selbst in der Hand behalten. Es fällt ihnen schwer, sich zurückzunehmen und

andere an der Verantwortung und ihren Früchten teilhaben zu lassen.

Sie hassen Versagen

Erfolgsmenschen können schon den Gedanken an ein Versagen nicht ausstehen. Sie gehen darum sehr weit, um ihren Erfolg abzusichern. Sie sind gewillt, fast jeden Preis zu
zahlen, nur um einen Fehlschlag zu vermeiden. Und der
Preis, den sie am häufigsten zahlen, ist die physische und
psychische Erschöpfung.

Betrachtet man Persönlichkeitsstruktur und Charakter
des Erfolgreichen, so erkennt man leicht, dass er oft selbst
sein schlimmster Feind ist. Die tieferen Ursachen, die zum
Ausbrennen führen, liegen in ihm selbst.

4   Symptome des Ausbrennens

Gemessen an den gesellschaftlichen Normen ist Paul Jenkins ein höchst erfolgreicher Geschäftsmann. Als ich ihn zum ersten Mal traf, war er 41 Jahre alt und besaß zwei Sommerhäuser in den Bergen, eine große Segeljacht, drei Sportwagen, zwei Farmen, sieben Sportgeschäfte und mehrere große Bürogebäude. Auf seine Einladung hin kam ich zu Paul und seiner Frau zum Abendessen, um Fragen der Expansion seines Sport-Einzelhandelsunternehmens zu besprechen.

Während des Essens sagte Paul plötzlich: „Ich weiß eigentlich nicht, warum ich von Expansion rede. Was ich wirklich will, ist, zu verkaufen, auf eine meiner Farmen zu ziehen und einfach alles zu vergessen!" In den nächsten zwei Stunden redete sich Paul seine ganze Frustration über das Geschäft, seine Angestellten, sich selbst und das Leben überhaupt von der Seele.

Sein Leben lang war Paul ein Erfolgsmensch gewesen. Er wurde in seiner Collegezeit zwei Jahre hintereinander für die amerikanische Footballmeisterschaft aufgestellt, und man bot ihm eine Karriere als Profispieler an. Paul war ein Perfektionist und dazu entschlossen, in allem, was er tat, der Beste zu sein. Er entschied sich, lieber in die Wirtschaft zu gehen, als Footballprofi zu werden, und eröffnete in sechs Jahren sieben erfolgreiche Sportgeschäfte.

Während unseres Gesprächs sagte Jane, Pauls Frau: „Paul arbeitet für zwei oder drei. Bevor er mit einem Projekt fertig ist, hat er schon vier oder fünf neue angefangen. Und es geht immer gut."

Paul sah seine Frau an und brummte etwas verächtlich: „Du sprichst von meinem alten Ich. Jetzt will ich nur noch diesen ganzen Druck loswerden, abhauen und Winterschlaf halten."

Er spielte mit seiner Serviette und fuhr fort: „Ich schleppe mich morgens nur noch aus dem Bett; meist bin ich noch erschöpfter als vor dem Zubettgehen."

Er schüttelte frustriert den Kopf. „Ich weiß einfach nicht, was mit mir los ist. Ich arbeite schwerer und erreiche weniger als je zuvor. Gerade letzte Woche habe ich zu Jane gesagt, dass ich mein Geschäft um die Hälfte unter Wert verkaufen würde, wenn ich einen Käufer finde. Ich will einfach aussteigen."

Je länger Paul redete, desto ärgerlicher wurden seine Stimme und sein Gesichtsausdruck. Zum Schluss meinte er: „Ach was, wir wollen jetzt aufhören, übers Geschäft zu reden, und das Essen genießen. Ich habe mich entschieden. Ich werde nicht vergrößern – ich werde verkaufen!"

Als ich an jenem Abend Paul und Jane zuhörte, wurde mir bewusst, dass Paul alle Symptome des Burnouts aufwies. Ich saß einem Mann gegenüber, dem seelisch, geistig und körperlich der Sprit ausgegangen war. Ich wusste damals nicht, dass er Christ war, aber später erfuhr ich, dass sein Ausbrennen ihn auch geistlich ausgetrocknet hatte.

Man muss kein Psychologe oder Psychiater sein, um herauszufinden, dass jemand ein Burnout erlebt. Genauso, wie es identifizierbare Faktoren gibt, die das Ausbrennen verursachen, gibt es auch gut erkennbare Symptome, die Alarm schlagen, wenn es so weit ist.

Die Burnout-Symptome lassen sich grundsätzlich in zwei Gruppen einteilen: *äußere* und *innere*. Zu den äußeren gehören:

- stagnierende Produktivität bei steigender Aktivität
- Reizbarkeit
- physische Erschöpfung
- Scheu vor dem Risiko

Zu den inneren gehören:

- Mutlosigkeit
- Verlust der Identität und des Selbstwertgefühls
- Verlust der Objektivität
- emotionale Erschöpfung
- negative Einstellung

Zuerst wollen wir die äußeren Symptome betrachten. Man sieht sie dem Betreffenden an. Gewöhnlich sind sie die ersten Hinweise darauf, dass jemand ausbrennt.

Innere Symptome des Ausbrennens sind zunächst unsichtbar und daher schwerer zu entdecken. Sie geben aber bei der Diagnose die letzte Sicherheit. Sie gehen gewöhnlich den äußeren Symptomen voraus.

Äußere Symptome

Stagnierende Produktivität bei steigender Aktivität

Wenn sich das Burnout entwickelt, treten die erwarteten Erfolge nicht mehr ein, und der Betroffene muss seinen Produktivitätsverlust mit verstärkter Aktivität kompensieren.

Jim Ander, einer meiner früheren Geschäftspartner, hat zahllosen Handelsvertretern dabei geholfen, das Ausbrennen zu überwinden.

Er hat mir einmal gesagt: „Ich kann aus den Abschlüssen unserer Vertreter erkennen, wann jemand vor dem Ausbrennen steht." Er erklärte das so: Sobald jemand beginnt auszubrennen, verzeichnet er Einbrüche beim Verkauf. „Um die Rückgänge zu kompensieren, arrangiert er mehr Termine. Aber seine Verkäufe steigen nicht dementsprechend."

Mein eigenes Burnout ist nach dem gleichen Schema abgelaufen. Als die emotionale Erschöpfung einsetzte, ging meine Produktivität zurück. Um das auszugleichen, fing ich an, abends länger zu arbeiten, Arbeit mit nach Hause zu nehmen und samstags ins Büro zu gehen, um das zu bewältigen, was ich unter der Woche nicht mehr zu schaffen schien.

Der Anstieg meiner Aktivität fügte zu meiner ohnehin schon steigenden Frustration nur noch eine Schippe hinzu, denn obwohl ich härter arbeitete, schien es, als ob ich überhaupt nichts mehr erreichte. Ja, ich schien mehr und mehr zurückzufallen.

Genau das passiert beim Ausbrennen. Mehr Aktivität zum Ausgleich der Produktivitätseinbuße vermehrt nur die Frustration, die ja gerade zu dem Rückgang der Produktivität geführt hat. Das Ergebnis ist das gleiche, wie wenn man Benzin ins Feuer gießt. Je mehr jemand, der anfängt auszubrennen, seine Aktivität steigert, desto schneller läuft der Prozess ab.

Reizbarkeit

Ein anderes äußeres Symptom des Ausbrennens ist, dass das Opfer sich über Dinge aufregt, die es früher nie gestört hätten. Bei meinem Abendessen mit Paul und Jane Jenkins sagte Jane: „Bis vor Kurzem wurde Paul mit jeder Art Druck fertig. Aber in letzter Zeit scheint ihn alles aufzuregen."

„Das ist wahr", stimmte Paul zu. „Früher war ich hart im Nehmen, aber jetzt wirft mich jeder kleine Fehler gleich um. Ich weiß einfach nicht, was mit mir los ist."

Ich musste an Mose und Jeremia denken. Im 1. Kapitel sahen wir, wie Mose eine Periode des Ausbrennens durchmachte. Das Gleiche ist auch Jeremia passiert (s. Jeremia 20,7-18). Beide, Mose und Jeremia, regten sich über Gott und die Menschen auf, mit denen sie arbeiteten. In 4. Mose 11,11 fragt Mose Gott: „Warum behandelst du deinen Diener so schlecht? Womit habe ich es verdient, dass du mir die Verantwortung für solch ein Volk auflädst?" Und in Jeremia 20,7 sagt Jeremia zu Gott: „O Herr, du hast mich überredet, und ich habe mich überreden lassen. Du hast mich überwältigt und den Kampf gewonnen. Für alle Welt bin ich zur Zielscheibe des Spottes geworden – tagaus, tagein."

Wer ausbrennt, ärgert sich über sich selbst (wegen des Mangels an Erfolgen), über andere (weil sie seine Erfolge verhindern) und über seine beruflichen Aufgaben (weil sie die Quelle seiner Frustration sind). Ist er Christ, dann ärgert er sich noch dazu über Gott, weil der all diese Probleme zugelassen hat.

Physische Erschöpfung

Ständige Übermüdung ist ein weiteres äußeres Symptom des Ausbrennens. Sandra Weber war eine gelangweilte Hausfrau. Sie machte eine Ausbildung als Immobilienmaklerin, und innerhalb von fünf Jahren hatte sie nicht nur ihre Maklerlizenz, sondern auch das erfolgreichste Maklerbüro der Stadt. Ihr Mann sagte mir einmal: „Sie platzt geradezu vor Energie und Ideen."

Aber kürzlich rief sie mich an, in Tränen aufgelöst: „Endlich habe ich in meinem Geschäft alles erreicht. Es läuft großartig und war niemals besser", schluchzte sie, „aber in letzter Zeit will ich nur noch im Bett bleiben. Jetzt ist es zwei Uhr mittags, und ich war den ganzen Tag erst eine Stunde auf – und das nur, um für John das Mittagessen zu machen!"

Sandra glaubte, sie litte an einer körperlichen Krankheit, aber tatsächlich war es ein klassisches Burnout.

Erinnern wir uns an Kapitel 1. Wir hatten das Ausbrennen als die Art Stress, emotionale Erschöpfung und Frustration definiert, die eintritt, wenn eine Reihe – oder eine Kombination – von Ereignissen in Beziehungen, Aufgaben, Lebensweise oder Beruf nicht die erwarteten Resultate erbringen. Sandra hatte ein sehr erfolgreiches Geschäft aufgezogen, aber es hatte ihre Bedürfnisse nicht befriedigt und sie auch nicht glücklich gemacht. Ihr Job frustrierte sie, und sie erlebte den Stress und die emotionale Erschöpfung, die für das Ausbrennen charakteristisch sind.

Es war Sandras emotionale Erschöpfung, die die physische Erschöpfung und Müdigkeit erzeugte. Menschen, die ausbrennen, haben ihre ganze emotionale und physische Energie aufgebraucht.

Scheu vor dem Risiko

Erfolgsmenschen lieben von Haus aus das Risiko. Außerdem sind sie sehr auf Wettbewerb aus und suchen die Herausforderung. Aber wenn er ein Burnout erlebt, wird der risikofreudige Macher furchtsam, scheut die Konkurrenz und läuft vor Schwierigkeiten davon.

Menschen, die im Ausbrennen begriffen sind, wollen weglaufen, statt der Herausforderung die Stirn zu bieten. Sie hegen den Wunsch, „in die Berge" zu fliehen oder „auf eine Farm". Sie wollen vor den anderen, vor dem Druck der Arbeit und vor ihren Freunden weglaufen und sich vor der Welt verstecken. Die Zeile eines Schlagers fasst diese Haltung folgendermaßen zusammen: „Stop the world and let me off. I'm tired of going around and around" (Halt die

Welt an und lass mich aussteigen, ich bin's leid, dauernd im Kreis herumzugehen).

Menschen, die ausbrennen, wollen kein Risiko mehr eingehen, weil sie den Glauben an sich selbst und ihre Fähigkeiten verloren haben. Sie betrachten sich als Versager und sehen alles schwarz.

Wie ich weiter oben gesagt habe, eröffnete Paul Jenkins sieben erfolgreiche Sportgeschäfte in sechs Jahren. Er war risikofreudig und ein guter Geschäftsmann. Aber während meines Abendessens mit Paul und Jane sagte Paul: „Mir graut davor, einen weiteren Laden aufzumachen. Ich bin nicht sicher, ob ich ihn führen kann, wenn er geografisch weit entfernt ist."

Als ich ihm vorschlug, einen seiner Stellvertreter zu versetzen und zum Geschäftsführer des neuen Ladens zu machen, zuckte Paul mit den Schultern und sagte: „Ich denke einfach, es geht nicht. Es wäre zu riskant in der augenblicklichen wirtschaftlichen Situation."

Obwohl Jane ihren Mann daran erinnerte, dass er schon bei weitaus schlechterer Konjunkturlage Läden eröffnet und sie in Schwung gebracht hatte, rührte sich Paul nicht von der Stelle. Er konnte sich nicht mehr dazu überwinden, ein Risiko einzugehen.

Innere Symptome

Mutlosigkeit

Das ist eine der Ursachen, warum ausbrennende Menschen nicht gewillt sind, Risiken einzugehen. Erfolgstypen sind normalerweise stark. Sie haben großes Vertrauen in sich und ihre Fähigkeiten. Aber die seelische, geistige und körperliche Erschöpfung, die das Ausbrennen bewirkt, macht aus starken, couragierten Menschen Feiglinge.

Tatsächlich kommen die meisten, die durch ein Burnout gehen, an einen Punkt, an dem sie sogar das Leben selbst aufgeben wollen – so wie Mose in 4. Mose 11, 14–15. Sie beachten, was Jeremia zu Gott gesagt hat:

„Der Tag soll verflucht sein, an dem ich geboren wurde! Kein Segen soll auf dem Tag liegen, an dem mich meine Mutter zur Welt brachte! Verflucht sei auch der Bote, der meinem Vater die Nachricht brachte: ‚Freu dich: Dir ist ein Sohn geboren!'

Diesem Mann soll es genauso ergehen wie den Städten, die der Herr erbarmungslos dem Erdboden gleichmachte: Morgens soll er lautes Klagen hören, mittags von Kriegslärm bedroht sein. Warum hat mich der Herr nicht schon vor meiner Geburt sterben lassen? Dann wäre der Körper meiner Mutter mein Grab geworden, sie wäre für immer schwanger geblieben. Warum nur musste ich bei meiner Geburt den Mutterleib verlassen? Mein ganzes Leben besteht nur aus Kummer und Sorgen, und jeder Tag bringt mir Schimpf und Schande" (Jeremia 20,14–18).

Auch David hat auf sein Burnout mit Verzweiflung re-agiert:

„Mein Herz fürchtet sich und Todesangst überfällt mich. Angst und Schrecken überkommen mich und ich zittere am ganzen Leib. Ich sprach: „Hätte ich doch Flügel wie eine Taube, dann würde ich fortfliegen und zur Ruhe kommen! Weit fort würde ich fliegen bis in die Wüste."
   (Psalm 55,5–8)

Das ist derselbe David, der mit bloßen Händen einen Lö-wen und einen Bären tötete und mit einer Schleuder und fünf Steinchen auf den Riesen Goliat losging! Der Mann, von dem das Volk Israel gesagt hatte: „Saul hat Tausende getötet, aber David Zehntausende!" (1. Samuel 18,7). Aber im Ausbrennen verlor David seinen ganzen Mut und wollte wie Mose und Jeremia nur noch weg. Dies ist eines der inneren Schlüsselsymptome des Ausbrennens.

Verlust der Identität und des Selbstwertgefühls

Ein weiteres wichtiges Symptom des Ausbrennens. Wer ein Burnout durchmacht, verliert seine Identität und sein Selbstwertgefühl, weil er plötzlich merkt, dass er seinen bisherigen Erfolgs- und Leistungsstand nicht mehr halten kann.
   Die grenzenlose Energie, die er einmal hatte, ist weg. Wo ihn früher nichts vom Erfolg abhalten konnte, spürt er jetzt, dass es ihm unmöglich ist, auch nur das beschei-

denste Ziel zu erreichen. Vorher hatte er eine positive Einstellung zu seinem Leben und Handeln, aber jetzt ist er davon überzeugt, dass nichts mehr gut wird.

Sinn und Zweck des Lebens sind dahin. Er hat es aufgegeben, sich Ziele und Aufgaben zu stellen, weil er davon überzeugt ist, dass er sie ohnehin nicht erreichen kann. Aus seiner Fürsorge für andere Menschen ist Verachtung geworden. Und wenn er ein Christ ist, hat sich seine Liebe zu Gott in Apathie verwandelt.

Während sich solche Empfindungen, Einstellungen und Wandlungen in einstigen Erfolgsmenschen abspielen, wird ihnen bewusst, dass sie sich selbst nicht mehr kennen und sich nicht mehr vertrauen. Die Erfolge, Verdienste und das hohe Leistungsniveau, aus denen sie in der Vergangenheit ihre persönliche Identität und ihren Selbstwert abgeleitet hatten, sind alle verschwunden.

Auch ihre Freunde, Bekannten und Geschäftskollegen haben jetzt angefangen, ihre Verlässlichkeit infrage zu stellen. Wo sie einmal Kristallisationspunkt, Initiator und Triebfeder waren, fühlen sie sich jetzt nicht mehr gebraucht.

Ehemals hoch motivierte, zielorientierte, eigenständige Macher werden durch ein Burnout schwung- und leblos und schleppen sich ziellos von einem Tag zum anderen. Sie wissen nicht mehr, wer sie sind oder wohin sie in ihrem Leben gehen, und sie kümmern sich auch nicht weiter darum, denn sie fühlen sich nicht mehr fähig, irgendetwas zuwege zu bringen.

Verlust der Objektivität

Beim Ausbrennen verliert man die Objektivität und trifft seine Entscheidungen aufgrund von Gefühlen und nicht aufgrund von Tatsachen. Dies ist das dritte innere Symptom des Burnouts.

Erfolgsmenschen sind erfolgreich, weil sie richtige Entscheidungen zum richtigen Zeitpunkt treffen. Aber die Opfer des Burnouts verlieren ihre Fähigkeit, auf dem Boden der Tatsachen und gesunder Grundsätze zu bleiben. Stattdessen handeln und entscheiden sie aufgrund ihrer Gefühle. Dies ist eine der Ursachen, weshalb ihr Leistungsniveau absinkt.

Mose ist das Musterbeispiel einer Person, die im Ausbrennen die Fähigkeit verliert, objektiv zu sein. Erinnern Sie sich an Gottes Versprechen, den Kindern Israel einen ganzen Monat lang jeden Tag Fleisch zu geben?

Beachten Sie Moses Reaktion auf Gottes Versprechen: „Mose wandte ein: ‚Es sind 600.000 wehrfähige Männer hier bei mir und du versprichst, ihnen so viel Fleisch zu geben, dass sie einen ganzen Monat zu essen haben. Können denn so viele Schafe und Rinder für sie geschlachtet werden, dass es genug für jeden gibt? Oder würde es ausreichen, wenn alle Fische im Meer gefangen würden?'" (4. Mose 11,21–22).

Mose war aufgebracht über das Volk und seine ewigen Klagen. In seinem ausgebrannten Zustand konnte er nicht objektiv sein, als Gott versprach, das Volk mit Fleisch zu versorgen. Moses Emotionen stellten sich Gottes Versprechen in den Weg. Er versuchte herauszufinden, wie er das von Gott Versprochene auftreiben könnte, und kam zu dem Schluss, dass das definitiv unmöglich war.

Gott musste Mose wieder in die Realität zurückholen, indem er klarstellte, dass Moses mangelnde Fähigkeit, Fleisch herbeizuschaffen, kein Kriterium für die Erfüllung der Verheißung war (4. Mose 11,23). In seinem hochgradig emotionalisierten Zustand hatte Mose den Blick für die Tatsachen verloren.

Weil Menschen, die ausbrennen, den Wirklichkeitsbezug verlieren, wechseln ihre Entscheidungen so rasch wie ihre Gefühle. Während des Burnouts ist es schwer, Entscheidungen zu treffen und dazu zu stehen. Es ist nicht ungewöhnlich für Ausgebrannte, dass sie eine Entscheidung treffen, aber sie noch vor der Ausführung widerrufen und in die genau entgegengesetzte Richtung gehen. Sie machen auf andere einen labilen Eindruck – und das sind sie auch.

Emotionale Erschöpfung

Ein weiteres inneres Symptom des Ausbrennens. Erinnern wir uns an Davids Klage in Psalm 55,6–8: „Angst und Schrecken überkommen mich und ich zittere am ganzen Leib. Ich sprach: ‚Hätte ich doch Flügel wie eine Taube, dann würde ich fortfliegen und zur Ruhe kommen! Weit fort würde ich fliegen bis in die Wüste.'" David war seelisch und körperlich erschöpft. Er konnte mit der Last seiner Pflichten nicht mehr fertigwerden. Er wollte weit weg in die Wüste gehen und den Kopf in den Sand stecken.

David gibt uns ein Beispiel dafür, wohin seelische Erschöpfung führt. Er wollte weglaufen an einen einsamen Ort, um den Menschen und dem täglichen Druck der Verantwortung zu entkommen. Bei meinem eigenen Ausbrennen – aber auch in seelsorgerlichen Gesprächen mit anderen – habe ich beobachtet, dass seelische Erschöpfung immer die Sehnsucht hervorruft, der gegenwärtigen Situation zu entfliehen, an einen stillen, abgeschiedenen Ort, weit weg!

Es ist die seelische Erschöpfung, die diese Unfähigkeit bewirkt, mit dem alltäglichen Druck, den Problemen und Herausforderungen des Berufs fertigzuwerden. Seelisch ausgelaugte Burnout-Betroffene haben einfach nicht mehr die Kraft, das kleinste Problem zu bewältigen. Sie schließen daraus, dass es die einzige Lösung ist, vor allem wegzulaufen.

Negative Einstellung

Macher haben gewöhnlich eine sehr positive Sicht des Lebens und eine praktische, realistische Betrachtungsweise einer Situation. Sie sind flexibel und erholen sich rasch von Fehlschlägen. Wenn sie aber ein Burnout durchmachen, verhalten sie sich immer negativer, bis schließlich ihre ganze Lebenseinstellung negativ geworden ist. Sie sind nicht mehr imstande, sich von Rückschlägen, Zurückweisungen und Schwierigkeiten zu erholen.

Im Ausbrennen verstärkt jedes Problem, jede Zurückweisung, jeder Fehlschlag die negative Einstellung und
scheint dem Opfer ein Beweis dafür zu sein, dass es nicht
länger imstande ist, überhaupt irgendetwas Sinnvolles zu
leisten. Gerade diese negative Geisteshaltung hält die Betroffenen am Boden, wenn sie einmal gefallen sind; und je
länger sie von der negativen Haltung beherrscht werden,
desto schwerer wird es für sie, sich wieder zu erheben.

5   Die wichtigsten Folgen

Elia, der große Prophet Gottes und Mann des Glaubens im Alten Testament, zog seine zeitlos gültige Bilanz des Ausbrennens in drei prägnanten Worten: „Ich habe genug" (1. Könige 19,4). Jeder Burnout-Betroffene kommt einmal zu diesem Schluss: „Es ist genug! Ich gebe auf!" Ich nenne das die „Elia-Entscheidung", und jeder Ausgebrannte trifft sie irgendwann.

Die „Elia-Entscheidung"

Die „Elia-Entscheidung" ist die Entscheidung, alles aufzugeben, was einem einmal wichtig war. Den ganzen Lebensinhalt, alle Ziele und alles, wofür man so hart gearbeitet hat. Wer im Ausbrennen die Elia-Entscheidung trifft, gibt seinen Glauben auf, sein Vertrauen auf seine Freunde und Gleichgesinnten und schließlich auch sich selbst, Gott und das Leben überhaupt.

Ich erinnere mich noch gut an meine eigene Elia-Entscheidung. Alles, was mir im Leben etwas bedeutet hatte, war dahin. Die Ehe, mit der ich mir 23 Jahre lang so viel Mühe gegeben hatte, war zerbrochen. Meine Firma, die ich gegründet und für die ich Blut und Wasser geschwitzt hatte, gehörte nun einem anderen. Ich hatte das Gefühl, dass meine engsten Freunde mir in der schwersten Zeit den Rücken zugekehrt hatten. Aus emotionaler Erschöpfung war ich völlig empfindungslos geworden.

All das brachte mich dazu, eines Tages in meine kleine Wohnung zu gehen, meinen Mantel über eine Stuhllehne zu werfen, die Tür zu verriegeln, das Telefon abzustellen, meine Augen zu schließen und zu sagen: „Das war's also, lieber Gott! Ich gebe auf! Warum lässt du mich nicht einfach sterben, hier, in diesem Sessel?"

Ich hatte meine Elia-Entscheidung getroffen. Hatte aufgegeben wie Mose, Jeremia und Elia. Ich wollte nicht mehr.

Die Elia-Entscheidung zeigt die Tiefe der Verzweiflung eines Burnout-Opfers. In ihr gipfeln die schwerwiegendsten Folgen des Ausbrennens:

- der Verlust des Lebenssinns
- die Zerstörung des Selbstbildes
- das Gefühl, allein auf der Welt zu sein
- Groll und Bitterkeit
- das Gefühl, alles sei hoffnungslos

Sicher könnte man diese Liste noch verlängern. Aber dies sind die wichtigsten Faktoren, die einen zum inneren Aufgeben bringen – dazu, dass man sich nur noch eines wünscht: den Tod.

Der Verlust des Lebenssinns

Erfolgsmenschen sind Menschen mit Zielen. Sie wissen nicht nur, wohin sie wollen und wie man dorthin kommt, sondern sie wissen auch, *warum* sie tun, was sie tun. Der Sinn sagt uns, *warum* wir tun, was wir tun. Dafür leben wir.

Menschen, die einen Sinn im Leben sehen, bewegen etwas. Menschen mit einem Lebenssinn sind bereit, jeder Widrigkeit die Stirn zu bieten. Wer keinen Sinn im Leben sieht, ist nicht gewillt, irgendetwas zu versuchen, weil er sich vor allen Widerständen fürchtet.

Der Lebenssinn ist für den Erfolgreichen das, was Treibstoff für ein Raumschiff ist – er spendet Energie und Kraft für eine erfolgreiche Mission. Erfolgreich zu sein, ist kein Naturtalent, obwohl viele Erfolgreiche sehr talentiert sein mögen. Der Erfolg kommt aus dem Sinn, der sie motiviert, den Preis für den Erfolg zu zahlen – egal wie hoch er auch sei.

Die größte motivierende Kraft der Welt ist der Lebenssinn. Ein Sinn, für den man lebt oder stirbt, befähigt Menschen dazu, Großes zu erreichen und Heldentaten zu vollbringen, die andere für unmöglich halten.

Kürzlich ging ich wegen einer Routineuntersuchung zu unserem Hausarzt. Während er meinen Blutdruck prüfte, auf mein Knie klopfte, um zu sehen, ob in mir noch irgendetwas lebendig geblieben war, und durch meine Ohren in mein Gehirn blickte (oder was immer man da sieht), unterhielten wir uns über die wichtige Rolle, die der Lebenssinn spielt.

„Wissen Sie, warum so viele Menschen ein oder zwei Jahre nach ihrer Pensionierung sterben?", fragte er. „Weil sie keinen Grund mehr haben, morgens aufzustehen. Sie haben keinen Sinn mehr, für den es sich zu leben lohnt."

Als er das sagte, dachte ich sofort an die Erfahrungen, die ich und andere, die ich seelsorgerlich beraten hatte, mit dem Ausbrennen gemacht hatten. Einer der Gründe, weshalb Menschen die Elia-Entscheidung treffen und sich wünschen, sie wären tot, ist, dass auch sie jeden Grund verloren haben, morgens aufzustehen. Ich erinnerte mich daran, dass ich während meines Burnouts oft noch um 15 oder 16 Uhr nachmittags im Bett lag – und mich nicht einmal schuldig fühlte. Dabei hatte ich es früher fast als Sünde angesehen, wenn ich einmal bei Sonnenaufgang noch nicht auf war. Sogar samstags versuchte ich, meine Familie bei Tagesanbruch aus den Federn zu trommeln, um irgendeine Wochenendaktivität in Angriff zu nehmen (auch wenn es nicht mehr war als ein Ausflug in das nächste Café).

Ein sehr erfolgreicher Geschäftsmann aus unserer Gemeinde und guter Freund von uns leidet gerade an einem ernsten Fall von Burnout. Weil ich tagelang nichts von ihm gehört hatte, rief ich nachmittags in seinem Büro an, um zu erfahren, wie es ihm ginge. Als seine Sekretärin mir sagte, dass er noch gar nicht im Büro gewesen sei, versuchte ich es bei ihm zu Hause.

Seine Frau war am Telefon: „Myron, ich weiß nicht, was mit Bill los ist. Er liegt schon die ganze Woche im Bett. Ich habe versucht, ihn zum Arzt zu schicken, aber er weigert sich einfach."

Als ich dann mit ihm sprach, hörte ich einen Mann, der seinen Lebenssinn verloren hatte. Er sagte: „Weißt du, Myron, ich kann nicht glauben, was mit mir los ist. Ich habe nicht mehr die geringste Lust auf meine Arbeit. Ich hasse es geradezu, ins Büro zu gehen. Es kommt mir so vor, als würde ich dort nur von einem Problem zum anderen hetzen." Er machte eine lange Pause. „Offen gestanden bin ich an einem Punkt, an dem es mir egal ist, ob die Arbeit getan wird oder nicht. Wenn nicht jemand meiner Leute sie tut, wird sie vielleicht überhaupt nicht getan."

Je länger er redete, desto lauter wurde seine Stimme. „Ich bin müde, Myron." Es hörte sich an wie ein Hilferuf. „Ich will einfach nicht mehr. Ich will hier raus. Weißt du, was ich meine?"

Ich wusste es. Ich bin auch an diesem Punkt gewesen. Ich kenne das Gefühl, wenn man nicht mehr weiß, was der Sinn und Zweck von allem sein soll.

Auf Seminaren über das Ausbrennen bin ich viele Male gefragt worden: „Wie kommt es, dass Menschen, die einmal Macher gewesen sind, plötzlich total den Antrieb verlieren?"

Zunächst einmal muss ich sagen, dass das nicht plötzlich passiert. Aber um die Frage zu beantworten, schauen wir uns die Definition von Burnout an, die ich bereits am Anfang des Buches erwähnt habe:

Ausbrennen ist die Art Stress (emotionale Auszehrung, Erschöpfung und Frustration), wenn eine Reihe von Ereignissen in persönlichen Beziehungen, im Lebensinhalt, in Lebensweise oder Beruf zusammenkommen, sodass all diese Dinge nicht mehr die erwarteten Resultate bringen.

Wir wollen die Definition sehr genau betrachten. Die Schlüsselaussage ist: *„nicht mehr die erwarteten Resultate bringen."* Das heißt nicht unbedingt, dass der Betroffene versagt hat. In den Augen der anderen mag er sogar sehr erfolgreich sein. Ziele können erreicht, Gewinne hoch sein, persönliche Beziehungen gedeihen, und all das. Aber – und das ist sehr wichtig – die Ergebnisse waren nicht das, *was das Burnout-Opfer erwartet hat.*

Mein Freund Bill zum Beispiel, der Geschäftsmann, der seinen Lebenssinn verloren hatte, blieb im Bett, statt ins Büro zu gehen. Früher hatte mir Bill einmal gesagt, er habe sich selbstständig gemacht, weil er sein eigener Chef und Herr über seine Zeit werden wollte. Er hatte einen Haufen Geld, hatte sich den Ruf erworben, ehrlich zu sein, sein Geld weise anzulegen und einen noblen Lebensstil zu führen. Aber all sein Erfolg hatte ihm nicht das gebracht, was er erwartet hatte: Verfügungsgewalt über seine eigene Zeit.

Tatsächlich war genau das Gegenteil eingetreten. Je besser seine Geschäfte liefen, desto mehr Anforderungen wurden an seine Zeit gestellt. Statt mehr Zeit für sich zu haben, musste er entdecken, dass sie weniger und weniger wurde. Was er wollte und sich als Ergebnis seiner Mühen erwartet hatte, traf nie ein.

Aus diesem Grund begann Bill, Stress zu erleben, emotionale Auszehrung, Frustration und am Ende Erschöpfung – körperlich, geistig und seelisch. Denn je härter er arbeitete, desto weniger Zeit blieb ihm für sich selbst. Aber Zeit für sich selbst zu haben war der Antrieb gewesen, weshalb er so hart arbeitete. Und das Ende vom Lied? Bill fühlte sich ausgelaugt und kam zu dem Schluss, dass er sein Ziel niemals erreichen konnte. So gab er auf.

Die Zerstörung des Selbstbildes

Die zweite gravierende Folge des Ausbrennens ist der Verlust des positiven Selbstbildes. Unser Selbstbild ist eines der wichtigsten Elemente unserer emotionalen und physischen Verfassung. Es beeinflusst unsere Persönlichkeit und alles, was wir tun, und wie wir leben. Das Selbstbild hat einen großen Einfluss darauf, was für einen Wagen wir fahren, welche Kleidung wir tragen, in was für einem Haus wir wohnen. Tatsächlich bestimmt es unsere Taten und Erfolge auf allen Gebieten mit – eingeschlossen unsere Karriere, die Wahl des Partners und des Freundeskreises, unser finanzieller Erfolg und unsere Beziehung zu Gott.

Wenn wir sagen: „Ich kann mir nicht vorstellen, dass ich das und das tue", geben wir damit zu, dass das Bild, das wir von uns haben, uns davon abhält.

Das Selbstbild ergibt sich aus dem, wie wir uns selbst vorkommen, wie wir wahrnehmen, dass andere uns sehen, und wie wir meinen, dass Gott uns sieht. Das Selbstbild beruht hauptsächlich auf Vermutungen und Bestätigungen. Wenn wir meinen, Gott und andere schätzen und akzeptieren uns so, wie wir sind, dann ist es für uns leichter, uns selbst zu schätzen und anzunehmen. Daraus entsteht ein positives, gesundes Selbstbild. Erfolgreiche Menschen neigen dazu, ein positiveres Selbstbild zu haben als andere. Diese Tatsache wird in einer stark wettbewerbs- und erfolgsorientierten Gesellschaft noch enorm verstärkt.

Aber mit dem Ausbrennen geht immer ein Gefühl des Versagens einher. Tatsächlich ist es geradezu sein Herzstück. Wie schon gesagt hat ein Burnout-Betroffener objektiv vielleicht gar nicht versagt. Aber er selbst ist dieser Meinung, und allein darauf kommt es an.

Im vorigen Kapitel haben wir betont, dass Menschen, die ausbrennen, eine betont negative Einstellung entwickeln, weil sie nicht mehr imstande sind, sich objektiv von dem zu lösen, was sie für Versagen, Rückschläge, Zurückweisungen und ganz allgemein für Schwierigkeiten halten. Wenn der Burnout-Kandidat zu dem Schluss kommt, dass er versagt hat, beginnt sich sein Selbstbild zu verschlechtern. Je häufiger und gravierender die Fehlschläge werden, desto mehr wird sein Selbstbild erschüttert, bis es schließlich ganz und gar zerstört ist, wenn die Person ihre Elia-Entscheidung trifft.

Als ich mitten im Burnout steckte, dachte ich eines Tages: „Du musst einen Job finden, aber was kannst du denn überhaupt?" Von den Stellenangeboten in der Zeitung nahm ich mir zuerst die verschiedenen Chef- und Managerposten vor. Aber dann dachte ich: „Das kannst du doch gar nicht!" Obwohl ich selbst drei erfolgreiche Unternehmen gegründet und für eine Anzahl großer Firmen als Management- und Organisationsberater gearbeitet hatte!

Schließlich landete ich bei der Rubrik mit dem Hauspersonal. Ich dachte: „Vielleicht kann ich das, aber ich bin nicht sicher, ob ich dem Druck standhalten kann, jeden

Tag zur Arbeit gehen zu müssen." Zuletzt fand ich ein Inserat, in dem ein Teilzeitfahrer zur Auslieferung von Pizza gesucht wurde. Obwohl ich dachte, ich könnte das, weil es nur stundenweise war, rief ich nicht an – aus Angst, abgelehnt zu werden.

Ich faltete die Zeitung zusammen, setzte mich aufs Bett … und weinte. Zum ersten Mal in meinem Kampf mit dem Burnout wurde mir bewusst, wie tief mein Selbstbild gesunken war und wie wenig Selbstvertrauen ich noch hatte. In der Vergangenheit waren Herausforderungen mein Lebenselixier gewesen, und ich hatte mir die Lösung so gut wie aller Probleme und die Überwindung aller Hindernisse auf dem Weg zu meinem Ziel zugetraut. Aber jetzt hatte ich nicht einmal mehr genug Glauben an mich, dass ich mir den Job eines Teilzeit-Pizza-Ausfahrers zugetraut hätte! Ich war das typische Beispiel einer ausgebrannten Person mit zerstörtem Selbstbild.

Der Ausgebrannte glaubt, er sei zu keinerlei positiven Taten mehr fähig. Es ist das völlig negative Selbstbild, das den Ausbrennenden letzten Endes dazu bringt, sich den Tod zu wünschen. Als Elia zu Gott sagte: „Ich habe genug, Herr. Nimm mein Leben" (1. Könige 19,4), gab er zu erkennen, wie niedrig sein Selbstwertgefühl tatsächlich war. Er war zu dem Schluss gekommen, es sei unmöglich für ihn, noch irgendetwas für Gott oder das Volk Israel zu tun. Er dachte, er sei wertlos und könne jetzt ebenso gut sterben, da ja ohnehin jeder irgendwann einmal sterben muss. Elias Seelenlage ist typisch für ausgebrannte Menschen: Sie sind unfähig, mit ihrem zerschmetterten Selbstbild weiterzuleben.

Das Gefühl, allein auf der Welt zu sein

Wer ein Burnout durchmacht, fühlt sich total isoliert und allein auf der Welt. Aber es ist einfach eine Tatsache, dass man gewöhnlich deshalb allein ist, weil man sich von anderen entfernt hat. Wer am Ausbrennen ist, zieht sich von anderen Menschen zurück, sogar von den nächststehenden. Denn er ist unfähig, mit seinem negativen Selbstbild fertigzuwerden und mit dem, was er für schweres Versagen hält.

Selbst Extrovertierte möchten sich vor den Menschen verstecken. Ich zum Beispiel war immer sehr gesellig gewesen. Aber während des Burnouts wollte ich oft nicht einmal mehr ans Telefon gehen. Ich hätte ganz gern jemanden in meiner Wohnung gehabt, einfach so zu einem freundlichen Plausch, vielleicht auf ein Glas Wein, aber dann hätte ich wahrscheinlich das Licht ausgemacht, die Tür verriegelt und wäre ins Bett gegangen, bevor mein Gast gekommen wäre – einfach, weil ich ihm nicht hätte gegenübertreten können.

Das Sich-Verschließen und das Leiden an der Einsamkeit gehen Hand in Hand und bilden einen Teufelskreis. Ausgebrannte Menschen glauben, dass sie keine Freunde mehr haben – aber sie lassen auch niemanden mehr an sich heran.

Ein sehr lieber Freund erlebt gerade einen ernsten Fall von Burnout. Ich rufe ihn seit zwei Wochen jeden Tag an und versuche, ihn dazu zu bringen, mit mir zu Mittag zu essen. Jeden Tag hat er eine andere fadenscheinige Ausrede. Seine Frau sagte mir: „Russell sitzt die ganze Zeit nur herum und beklagt sich, dass keiner seiner Freunde mehr vorbeikommt, aber wenn einer anruft, redet er nicht mit ihm. In letzter Zeit spricht er auch kaum noch mit mir oder den Kindern. Er scheint sich immer weiter in sein Schneckenhaus zu verkriechen."

Ihr Wunsch, der Realität zu entfliehen, ist zum Teil der Grund, weshalb Menschen, die ausbrennen, sich vor ihrer Umgebung zurückziehen. Sie haben nicht nur den Sinn ihres Lebens verloren und schwere Blessuren an ihrem Selbstbild erlitten – sie haben auch, wie wir im vorigen Kapitel gesehen haben, ihre Courage eingebüßt. Sie meinen, sie hätten einfach nicht mehr genug Kraft übrig, um auch nur noch eine einzige Schwierigkeit zu meistern. Sie wollen nur noch weglaufen und sich verkriechen.

Jeder, der ein Burnout erlebt, würde sich Davids Ausspruch anschließen: „Hätte ich doch Flügel wie eine Taube, dann würde ich fortfliegen und zur Ruhe kommen! Weit fort würde ich fliegen bis in die Wüste. Schnell würde ich eine Zuflucht finden, vor dem heftigen Wind und dem Sturm" (Psalm 55,7–8).

Ein befreundeter Pastor erzählte mir kürzlich von seiner Erfahrung mit dem Ausbrennen: „Ich wollte vor den Menschen weglaufen, so weit weg wie möglich", sagte er. „Ich konnte den Gedanken nicht mehr ertragen, vor meiner Gemeinde zu stehen, sie anzusehen und eine Predigt zu halten."

Er erzählte, dass er sich wegen dieser Einstellung dermaßen schuldig gefühlt hatte, dass er schließlich den Dienst quittierte, seine Familie in ein kleineres Haus umsiedelte und selbst in ein Zelt auf einem Grundstück in den Bergen West-Colorados zog, das ihm gehörte. „Ich verbrachte *vier Jahre* da oben in den Bergen, baute eine Blockhütte und versuchte, meine Gedanken zu ordnen. Mehrmals dachte ich an Selbstmord, aber ich traute mich nicht, weil ich Angst hatte, wenn es nicht gelänge, wäre ich da oben schrecklich in Schwierigkeiten. Eines habe ich gelernt: Weglaufen und sich vor den Menschen verkriechen ist kein Ausweg!"

Groll und Bitterkeit

Wie wir schon gesehen haben, sind Burnout-Opfer vorher meist ausgesprochen zielorientiert, erfolgsgewohnt und produktiv gewesen. Optimisten, die an Herausforderungen gewachsen sind: Aber im Ausbrennen scheinen sie ganz andere geworden zu sein. Statt zielorientiert zu sein, fehlen ihnen jetzt der Antrieb und der Sinn des Lebens. Waren früher Herausforderungen ihr Lebenselixier, so rennen sie jetzt vor dem Leben davon und wollen sich vor der Welt verstecken. Einst Optimisten, sind sie jetzt negativ, voller Groll und Bitterkeit.

Achten Sie auf den hadernden, bitteren Unterton des ausgebrannten Mose, als er Gott Vorhaltungen macht:

Warum behandelst du deinen Diener so schlecht? Womit habe ich es verdient, dass du mir die Verantwortung für solch ein Volk auflädst? Bin ich etwa die Mutter dieses Volkes? Oder habe ich es geboren, sodass du mich aufforderst: „Trag es auf deinen Armen – so wie eine Amme einen Säugling trägt – in das Land, das ich ihren Vorfahren mit einem Eid versprochen habe?"

(4. Mose 11,11–12).

Genau diese Einstellung fällt auch bei Jeremia auf, als er Gott vorhält: „O Herr, du hast mich überredet, und ich habe mich überreden lassen. Du hast mich überwältigt und den Kampf gewonnen. Für alle Welt bin ich zur Zielscheibe des Spottes geworden – tagaus, tagein" (Jeremia 20,7).

Der Zorn und die Bitterkeit, die ausgebrannte Menschen erfahren, richten sich an drei Adressen: an sie selbst, an andere und an Gott. Sie sind zornig gegen sich selbst, weil sie sich als totale Versager empfinden. Sie hadern mit anderen, weil sie meinen, dass die an ihrem Versagen schuld seien. Und sie grollen gegen Gott, weil sie meinen, er hätte es irgendwie alles so kommen lassen.

Diese hadernde, bittere Einstellung ist eine der verheerendsten Folgen des Ausbrennens. Sie begünstigt Hass und Auflehnung. Sie bringt Menschen dazu, andere zu Unrecht anzuklagen. Und sie verschließt einem gewöhnlich die Augen vor den eigenen Fehlern, Schwächen und Verfehlungen, die überhaupt erst zum Ausbrennen geführt haben.

Wie wir in einem späteren Kapitel sehen werden, drehen sich die größten geistlichen Kämpfe gewöhnlich um diese Gefühle von Groll und Bitterkeit. Sie machen es einem ausbrennenden Menschen sehr schwer, Gott, sich selbst und anderen gegenüber aufrichtig zu sein. Aber gerade diese Aufrichtigkeit ist für die Genesung unabdingbar.

Während meines eigenen Ringens mit dem Ausbrennen war es mit am schwersten, das tief sitzende Gefühl der Bitterkeit zu überwinden. Noch immer trage ich einige Narben jener Kämpfe in mir. Ich suchte damals die Hilfe verschiedener Therapeuten. Ich sprach mit Freunden und schüttete vielen Familienangehörigen mein Herz aus. Aber bald entdeckte ich, dass mir nur Gott helfen konnte, den Kampf gegen die starken Gefühle, die in mir und meiner Seele einen Brückenkopf errichtet hatten, zu gewinnen. Weiter unten widme ich ein ganzes Kapitel dem Thema, wie Gott für uns arbeitet, um uns aus den Fängen des Burnouts zu befreien.

Das Gefühl, alles sei hoffnungslos

Wer ausbrennt, ist davon überzeugt, dass ihm nie wieder etwas gelingen wird. Warum es also überhaupt versuchen? Er findet sich mit der Situation ab, denn er hat den Eindruck, es sei sowieso hoffnungslos. Wo er einmal geglaubt hat, nichts sei unmöglich, meint er jetzt, nichts sei mehr möglich.

Als ich durchs Burnout ging, fand ich jedes Mal, wenn mir jemand mit einem positiven Vorschlag helfen wollte, einen Grund, weshalb er sich nicht realisieren ließ. Das gleiche Verhaltensmuster habe ich auch bei anderen Burnout-Opfern entdeckt.

Einer der Gründe, dass Menschen alles für aussichtslos halten, ist, dass sie es in ihrem tiefsten Inneren so haben wollen. Deshalb möchten sie sich nicht ändern. Veränderung bedeutet, etwas zu riskieren, aber sie können mit dem Versagen nicht mehr fertigwerden. Sie tun lieber nichts, als noch einen Fehlschlag zu riskieren.

Es ist noch nicht lange her, dass mich am Ende eines Seminars über das Ausbrennen eine Frau um ein persönliches Gespräch bat. Nachdem ich meine Arbeitsunterlagen weggeräumt hatte, gingen wir in ein Café, und sie erzählte mir ihre Geschichte.

Sie war fast 30 Jahre lang Krankenschwester gewesen und hatte in einigen großen Kliniken leitende Positionen innegehabt. „Vor etwa fünf Jahren wurde mir bewusst, dass bei mir ein Burnout anfing, aber ich schien nichts dagegen tun zu können", meinte sie. „Schließlich kündigte ich, aber zu diesem Zeitpunkt hatte ich schon Schwierigkeiten in meiner Ehe. Ich bin eine Einzelgängerin geworden. Nun droht mir mein Mann, mich zu verlassen. Meine Kinder sagen, ich sei so negativ, dass sie mich nicht mehr um sich haben wollen. Ich weiß einfach nicht, was ich tun soll."

Ich machte ihr mehrere Vorschläge, aber jedes Mal schüttelte sie den Kopf und hatte ein Argument dagegen. Schließlich fragte ich: „Wollen Sie eigentlich wirklich, dass Ihnen geholfen wird, oder suchen Sie einfach jemanden, dem Sie leidtun?"

Sie sah mich an, und Tränen strömten über ihr Gesicht. „Ich habe Angst! Alles scheint so hoffnungslos. Ich kann nicht mehr arbeiten. Ich kann meinem Mann nichts mehr recht machen. Ich kann nicht mehr mit Freunden auskommen. Und jetzt wollen mich nicht einmal mehr meine eigenen Kinder um sich haben!"

Bei einer zweiten Tasse Kaffee erfuhr ich, dass ihr mehrere Stellen angeboten worden waren, die sie alle abgelehnt hatte. Ihr Mann wollte mit ihr zur Eheberatung gehen, aber sie hatte sich geweigert.

Sie sagte: „Die Stellen habe ich nicht angenommen, weil ich Angst hatte, dass ich ihnen nicht gewachsen bin und mir gleich wieder gekündigt wird. Und zur Eheberatung wollte ich nicht, weil ich diesen Leuten nicht mein ganzes Privatleben auf die Nase binden wollte."

In Wirklichkeit scheute sie das Risiko, etwas zu unternehmen, was ihr aus dem Burnout heraushelfen konnte. Sie war zu dem Schluss gekommen, dass alles hoffnungslos war, und tat, was sie konnte, um dies zu beweisen. Leider wird ihre Lage hoffnungslos bleiben, solange sie nicht gewillt ist, das Risiko des ersten Schrittes einzugehen.

Aber kein Fall von Burnout ist wirklich hoffnungslos! Es gibt hilfreiche Schritte zur Genesung, und ich spreche aus Erfahrung. Die Lektion des Ausbrennens kann einen sogar letztlich stärker werden lassen, als man je zuvor war.

6   Tipps zur Wiederherstellung

Wenn ich an den Genesungsprozess denke, werde ich an zwei Freunde erinnert, Roger und Peggy Glenville. Vor einigen Monaten kamen die beiden an einem Samstagnachmittag vom Einkaufen nach Hause – und mussten entdecken, dass Feuerwehrleute einen lodernden Brand bekämpften, der gerade ihr Haus vernichtete. Flammen und riesige schwarze Rauchwolken schienen die eine Seite des Hauses und die angeschlossene Garage buchstäblich zu verschlingen.

Für Roger und Peggy schien eine Ewigkeit zu vergehen, bis das Feuer endlich gelöscht war, und dann versuchten sie zusammen mit dem Brandinspektor, den Schaden zu ermitteln. „Unser Haus ist hin!", rief Peggy, als sie über den nagelneuen Teppichboden im Wohnzimmer gingen, der jetzt mit einer schwarzen Brühe aus Wasser und Asche überschwemmt war.

Der Brandinspektor versuchte, sie zu trösten. Der Schaden sei nicht so schlimm, wie es aussehe, und ein paar gute Handwerker würden das Haus in kürzerer Zeit, als sie dächten, wieder wie neu herrichten.

Roger rief mich an diesem Abend an und erzählte mir von dem Brand, und nach dem Gottesdienst am nächsten Tag fuhr ich mit ihm hin, um den Schaden zu besichtigen.

Ich musste zugeben, es sah sehr übel aus, und ich fragte mich, ob das Haus überhaupt noch zu retten war. Eine ganze Seite und die halbe Garage schienen zerstört zu sein. Eine der Garagenwände war völlig verkohlt, das Dach zum Teil abgebrannt und eine weitere Wand des Hauses ebenfalls schwarz.

Innen sah es noch schlimmer aus. Die Wände, die Decke, die ganze Innenausstattung waren mit einer dicken Rußschicht bedeckt. Der Teppichboden und die Möbel waren vom Löschwasser völlig durchweicht.

Ich sah Roger an. „Was hat dein Versicherungsberater gesagt?"

Er schüttelte den Kopf. „Er sagt, es würde bis zur Schätzung des Schadens noch ein paar Tage dauern, aber er versicherte mir, dass die Handwerker alles wieder so gut wie neu hinkriegen würden."

Ich sagte nichts – ich konnte mir nicht vorstellen, wie das möglich sein sollte. Aber da stand mir die Überraschung meines Lebens bevor.

Alle paar Tage fuhr ich an der Baustelle vorbei, um zu sehen, was für Fortschritte die Handwerker machten. Zuerst beseitigten sie alles, was vom Feuer zerstört worden war, und schafften es fort – einschließlich der Teppiche und des zerstörten Mobiliars.

Dann zogen sie neue Wände ein und erneuerten einen Teil des Daches. Sie strichen das Haus innen und außen neu, verlegten in allen Räumen neue Teppichböden und hängten neue Vorhänge auf. Die Versicherungsgesellschaft zahlte für alle ruinierten Möbel, und wie der Brandinspektor es vorhergesagt hatte, sah Rogers und Peggys ausgebranntes Haus in wenigen Wochen innen wie außen nagelneu aus.

Es gibt viele Parallelen zwischen dem Feuer, das Rogers und Peggys Haus ausbrannte, und dem Burnout eines Menschen. Während ich mit Erstaunen den Wiederaufbau des Glenville-Hauses verfolgte, erinnerte ich mich an meine nur kurze Zeit zurückliegende eigene Erfahrung mit dem Ausbrennen und der Wiederherstellung meines Lebens.

Genauso, wie ich überzeugt gewesen war, dass es unmöglich sei, Rogers und Peggys ausgebranntes Haus zu reparieren, hatte ich auch geglaubt, dass ich niemals wieder der Alte werden könnte. Als ich sah, wie die Ruine des Glenville'schen Hauses Brett für Brett wieder in ein schönes, neues Haus verwandelt wurde, erinnerte ich mich daran, wie meine eigenen ausgebrannten Einzelteile Stück für Stück allmählich wieder aufgebaut wurden, bis ich – wie der Brandinspektor den Glenvilles versprochen hatte – „so gut wie neu" war. Und wenn Sie ausgebrannt sind, können auch Sie wieder so gut wie neu werden!

Sie brauchen Hilfe

Wie Mose, als sein Schwiegervater Jethro ihn besuchen kam, tut das typische Burnout-Opfer lieber alles selbst, als um Hilfe zu bitten. Aber ganz gleich, wie talentiert, motiviert oder fähig jemand ist, er kann nicht immer alles allein schaffen. Und schon gar nicht die Heilung eines Burnouts!

Jim Ander, Marketing- und Verkaufsexperte und früher einmal mein Geschäftspartner, hat schon mit vielen Fällen von Burnout zu tun gehabt. Er war es auch, der als Erster mein Problem erkannte, und er spielte eine bedeutende Rolle bei meiner Genesung.

Einmal lud mich Jim zum Mittagessen ein und begann sehr taktvoll, mir die Symptome des Ausbrennens zu beschreiben. „Ich erkenne viele dieser Symptome bei dir, Myron", sagte er zu mir. Zuerst wollte ich es nicht zugeben, aber dann dämmerte mir, dass Jim recht hatte.

„Ich werde anfangen, mich mit meinen Problemen zu beschäftigen", sagte ich.

Er schüttelte den Kopf. „Nein, Myron, es wäre nicht gut, wenn du versuchen würdest, diese Angelegenheit selbst in die Hand zu nehmen." Jim erzählte mir, dass er bei vielen Handelsvertretern mit Burnout zu tun gehabt hatte und dass selbst die willensstärksten von ihnen ihre Probleme nicht selbst hätten lösen können.

Da ich selbst ziemlich dickköpfig bin, lachte ich. „Gut, dann bin ich vielleicht der Erste."

Aber bald musste ich erfahren, dass Jim absolut recht hatte. Ich versuchte, mir neue Ziele zu setzen, aber ich konnte einfach nicht genug Motivation und Energie aufbringen. Ich stand morgens auf und sagte mir, wie großartig der Tag werden würde, aber gegen Mittag hatte mich das starke Gefühl der Hoffnungslosigkeit gewöhnlich davon überzeugt, dass es in Wirklichkeit der schlechteste war. Je verbissener ich versuchte, meine Probleme selbst zu lösen, desto frustrierter wurde ich. Dabei ertappte ich mich, wie ich meine Gedanken und Handlungen alle einzeln zu analysieren versuchte. Ich wurde immer unnachsichtiger mit mir, bis ich schließlich Jim gegenüber eingestehen musste, dass er recht hatte. Es hat mich große Überwindung gekostet, ihn aufzusuchen, aber ich brauchte Hilfe – ich schaffte es nicht allein.

Welche Hilfe Sie brauchen

Viele Leute meinen, dass sie endlose Sitzungen beim Psychotherapeuten oder Psychologen brauchen, um zu genesen, aber das muss nicht unbedingt so sein. Wer ausbrennt, braucht aber unbedingt jemanden, der sich mit dem Syndrom und dem Genesungsprozess gut auskennt. Ist kein qualifizierter Laie verfügbar, wird eventuell doch eine professionelle Therapie nötig sein. Wer einen Menschen mit Burnout betreut, muss große Geduld haben und zugleich fest bleiben. Außerdem ist es entscheidend, dass der Burnout-Betroffene sich bewusst und verbindlich auf den Prozess einlässt.

Verbindlichkeit

Die erste Voraussetzung, um vom Burnout zu genesen, ist die Bereitschaft, sich jemandem verbindlich zu öffnen und dieser Person zu erlauben, auch unangenehme Fragen zu stellen. Für den willensstarken Erfolgsmenschen von einst kann das ein harter Brocken sein. Sein Stolz sträubt sich dagegen, sich verletzlich zu machen.

Es ist sehr schwer für einen vormals unabhängigen, produktiven Erfolgsmenschen, zuzugeben, dass er nicht einmal seine eigenen Probleme lösen kann. War er doch immer stolz darauf gewesen, jedes Problem, egal wie groß, selbst klären zu können. Aber jetzt ist er in einer Lage, in der er nicht einmal mit sich selbst zurechtkommt.

Ich erinnere mich genau, wie schwer es für mich war, zu Jim Ander zurückzugehen und zuzugeben, dass ich meine eigenen Probleme nicht selbst bewältigen konnte. Noch schwerer war es, ihn um Hilfe zu bitten und harte Fragen zu beantworten. Aber ich kann nicht genug betonen, wie wichtig dies für den Genesungsprozess ist.

Ganz gleich, wie diszipliniert jemand vorher war, er wird merken, dass er im Burnout sehr undiszipliniert geworden ist. Deshalb muss er jemanden haben, der ihm hilft, sich Ziele zu setzen, und dann kontrolliert, ob er sie auch erreicht. Denken Sie daran: Die Burnout-Therapie wird nur in dem Maß erfolgreich sein, wie der Betroffene bereit ist, sich dem Therapeuten verbindlich zu öffnen und engagiert Teilschritte umzusetzen.

Der Seelsorger oder Therapeut muss bedenken, dass es ausgebrannten Menschen besonders schwer fällt, sich verletzlich zu machen. Als Jim Ander zum Beispiel mit mir daran arbeitete, das Ausbrennen zu überwinden, wurde ich ein Meister im Erfinden von Ausreden, weshalb ich nicht tat, was er von mir wollte. Ich „vergaß" auch viele Male glatt Termine, die ich mit ihm vereinbart hatte, weil ich meine Hausaufgaben nicht gemacht hatte. Jim hatte zwar immer Verständnis, aber er ließ nicht locker. Er fand zum Beispiel schnell heraus, dass es der sicherste Weg war, mich zu einer Besprechung über meine Fortschritte zu bewegen, wenn er mich von meiner Wohnung zum Essen abholte.

Der Weg aus dem Burnout erfordert gegenseitiges Engagement. Es ist für den Betroffenen nicht nur wichtig, sich dem Seelsorger gegenüber verbindlich zu öffnen. Auch der Seelsorger sollte bewusst signalisieren, dass er den Betroffenen verbindlich begleiten will.

Vorsicht, Fallen!

Erwarten Sie nicht zu früh zu viel

Das gilt für alle Beteiligten – die ausgebrannte Person, die Familie, die Freunde und den Seelsorger. Wer durchs Burnout geht, war früher ein Macher – die Art Mensch, die sich immer sofort in ein neues Projekt stürzte und es im Allgemeinen vor der Zeit fertigstellte. Aber jetzt hat er sich verwandelt. Er ist physisch, emotional, geistig und geistlich erschöpft. Er hat den Glauben an seine Fähigkeiten verloren.

Ich weiß aus eigener Erfahrung und habe es auch unzählige Male bei anderen beobachtet, dass es im Umgang mit dem Ausgebrannten sehr verführerisch ist, zu früh zu viel zu erwarten. An dem Tag, als Jim versprach, mir beim Überwinden des Burnouts zu helfen, dachte ich: „Oh, gut. In ein paar Tagen ist die Sache geregelt, und ich bin wieder der Alte."

Rasch lernte ich aber, dass ich gar nicht der Alte sein wollte. Denn es war ja mein altes Ich, das mich in erster Linie in den Schlamassel getrieben hatte. Ich musste lernen, in meinem Leben die Gewichte neu zu verteilen. Ich musste lernen zu bestimmen, wann ich aufhören musste, wann ich selbst zu reizvollen Projekten Nein sagen musste, wie man sich entspannt und wie man auftankt. Lernen, wo meine persönlichen Grenzen lagen – und schließlich auch herausfinden, was mir im Leben wirklich wichtig war.

Wer ein Burnout erlebt, muss sich darüber klar werden, dass es kein Spontanheilmittel und auch keine Abkürzungen zur Genesung gibt. Es braucht Zeit, Geduld und Engagement auf beiden Seiten.

Erwarten Sie nicht, dass alles wieder so wird, wie es war

Das Ziel beim Überwinden des Ausbrennens ist es, alte, schlechte Gewohnheiten zu korrigieren und neue, gute zu erlernen. Die Genesung vom Ausbrennen erfordert Veränderungen in der Art des Denkens und des Tuns – auch in der Frage, wie und warum man etwas tut.

Wenn Sie vom Burnout vollständig genesen, werden Sie Ihr Leben anders leben. Das heißt nicht, dass Sie nicht mehr der zielorientierte, positive Erfolgsmensch sein werden wie vorher. Sie werden vielmehr über das Potenzial verfügen, noch Größeres zu erreichen als vorher – ohne die Angst auszubrennen. Aber die Art und Weise, *wie* Sie es tun, wird dramatisch verändert sein; die Art, wie Sie leben und Ihre Zeit verbringen.

Während der Genesung vom Ausbrennen werden Sie den Unterschied zwischen harter und kluger Arbeit lernen. Sie werden Ihre Kräfte einteilen, statt sich dauernd zu Höchstleistungen anzutreiben. Und Sie werden entdecken, dass genussvolles Ausspannen-Können genauso wichtig ist wie harte Arbeit.

Hilfe für die Familie

Derjenige, der das Burnout durchmacht, ist nicht der Einzige, der darunter leidet und Hilfe braucht. Die Anonymen Alkoholiker, diese fantastische Organisation, die seit Jahren Alkoholikern hilft, ihr Leben wieder aufzubauen, haben vor langer Zeit begriffen, dass es nicht reicht, mit den Alkoholikern selbst zu arbeiten – sie mussten auch der Familie des Alkoholikers helfen, von den destruktiven Wirkungen zu genesen, die der Alkohol auf das ganze Sozialgefüge hat.

Für das Ausbrennen gilt das Gleiche. Derjenige, der am Burnout leidet, ist nicht das einzige Opfer. Die übrige Familie leidet ebenso. Es verursacht bei den betroffenen Familienangehörigen eine ganze Menge Frustration, Schmerz und Trauer. In vielen Fällen führt ein Burnout eines Partners zur Scheidung.

Die Familienmitglieder haben mit der Person gelebt, die durch eine Zeit des Burnouts ging. Sie haben mit angesehen, wie der Erfolgsmensch sich vor ihren Augen in einen unproduktiven Arm- und Beinamputierten verwandelt hat. Sie haben versucht, ruhig und gefasst zu bleiben inmitten eines Sturms aus Verwirrung und Chaos, das der Ausbrennende verursacht hat. Die Familie des Burnout-Opfers hat ihre eigenen Blessuren, Narben und seelischen Nöte, die geheilt werden müssen.

Ich begegnete Bud und Kay Hillery zum ersten Mal auf einem Seminar über das Ausbrennen, das ich in meiner Heimatstadt gehalten hatte. Am Ende der Veranstaltung fragten mich die Hillerys, ob sie mich in ein Café einladen dürften. Als wir mit Kuchen und Eis fertig waren und die zweite Tasse Kaffee tranken, wandte sich Kay zu Bud und sagte: „Fragst du ihn, oder soll ich?"

Bud fuhr mit seinem Finger das Muster der Tischdecke nach und sah mich schließlich an. „Ich denke, ich erlebe gerade ein Burnout, wie Sie es heute Abend beschrieben haben. Glauben Sie, dass Sie mir heraushelfen können?"

In den nächsten zwei Stunden saß ich da und hörte mir zuerst Buds und dann Kays Geschichte an. Bud besaß eines der größten Bauunternehmen der Stadt. Durch harte Arbeit, Entschlossenheit und Mut hatte er sich vom kleinen Arbeiter zum Inhaber eines erfolgreichen Unternehmens hochgearbeitet. Bud war ein Musterbeispiel des amerikanischen Traums. Die Hillerys waren immer in ihrer Kirchengemeinde sehr aktiv gewesen. Kay half in der Sonntagsschule und sang im Chor, und Bud war Mitglied des Ältestenrats.

„Von außen betrachtet sah es aus, als ginge es uns großartig", sagte Kay, „aber in Wirklichkeit fingen wir beide an, uns auseinanderzuleben."

Ich sah Bud an, und er bestätigte Kays Analyse: „Das stimmt ziemlich genau, Myron", sagte er, „und ich bin dermaßen ausgebrannt, dass ich das Gefühl habe, schon ganz ausgedörrt zu sein." Er versuchte ein Lächeln, aber irgendwie fand es niemand komisch.

Ich versprach, mit Bud zu arbeiten und ihm zu helfen, und erlebte bald, dass Buds Burnout auch bei ihm zu Hause riesige Probleme verursacht hatte. Bud erzählte, und Kay pflichtete ihm bei, dass er vor seiner Erfahrung mit dem Ausbrennen niemals gewalttätig gewesen war. Aber vor einigen Monaten war er in einem Streit mit Kay in Wut geraten und hatte sie geschlagen.

„Ich fühlte mich furchtbar", sagte Bud. „Ich sagte ihr, dass es mir unendlich leidtat, und bat sie und Gott um Vergebung, aber seither ist es nicht mehr so wie vorher."

Später erfuhr ich, dass Bud Kay auch mehrmals angedroht hatte, sie zu verlassen. Tatsächlich hatte er nach einem Streit die Nacht in einem Motel verbracht. Kay plante, mit ihren beiden Kindern zu ihrer Mutter zu ziehen und die Scheidung einzureichen. An diesem Punkt war ich ihnen begegnet, und ich fragte sie, ob sie bereit seien, wegen ihrer Beziehungsprobleme zu einer Eheberatung oder zu ihrem Pastor zu gehen. Sie erklärten sich schließlich einverstanden. Die nächsten sechs Monate half ich Bud, sein Burnout-Syndrom zu überwinden, während ihr Pastor ihn unterstützte, seine Ehe zu retten.

Bud und Kay sind ein gutes Beispiel dafür, wie das Ausbrennen einer Person letztlich die ganze Familie in Mitleidenschaft zieht. Es ist nicht lange her, da lief ich Bud und Kay in einem Einkaufszentrum über den Weg. Es war wie die Wiedervereinigung einer Familie. Kay umarmte mich und sagte: „Weißt du, ich bin sicher, dass Bud und ich heute nicht mehr zusammen wären, wenn wir dich an jenem Abend nach deinem Seminar nicht zu einer Tasse Kaffee eingeladen hätten."

Sie sind heute immer noch zusammen. Mit Gottes Hilfe und der Unterstützung einiger guter Seelsorger haben sie wieder eine stabile Ehe aufgebaut, und Bud hat seinen Kampf gegen das Burnout gewonnen.

Ich wollte, es würde immer so enden, aber leider ist das oft nicht der Fall. Seelsorger und Therapeuten, die versuchen, Menschen bei der Überwindung des Ausbrennens zu helfen, müssen ein Gespür haben für die Nöte der ganzen Familie, nicht nur für die des unmittelbar Betroffenen.

Die Rolle der Familienmitglieder

Diejenigen, die einem Ausbrennenden am nächsten stehen – Familienmitglieder und enge Freunde – spielen bei dessen Genesung eine wichtige Rolle. Ihre Einstellung und ihr Verhalten in dieser Zeit sind sehr wichtig. Ich will Ihnen hier einige Ratschläge geben, die Sie beachten sollten, wenn Sie jemandem, den Sie lieben, bei der Genesung helfen wollen:

- Lassen Sie sich immer anmerken, dass Sie noch an den Betroffenen glauben.
- Lieben Sie ihn, auch wenn er nicht liebenswert ist.

- Zeigen Sie Interesse an seinen Anstrengungen und Fortschritten.
- Lassen Sie ihn wissen, dass es nichts ausmacht, wenn ihm etwas misslingt.
- Setzen Sie ihn nicht unter Erfolgsdruck.
- Predigen Sie ihn nicht an.
- Versuchen Sie nicht, die Autorität des Seelsorgers oder Therapeuten zu ersetzen.

Lassen Sie sich immer anmerken, dass Sie noch an den Betroffenen glauben

Der Seelsorger oder Therapeut, der mit dem Burnout-Opfer arbeitet, hat die Aufgabe, dessen Selbstvertrauen wieder aufzubauen. Aber Familie und Freunde müssen den Ausgebrannten auch wissen lassen, dass sie den Glauben an ihn nicht verloren haben. Sie sollten ihn immer spüren lassen, dass sie nach wie vor an seine Fähigkeiten glauben und auch daran, dass er wieder ein produktiver, erfüllter Mensch werden wird.

Ich weiß nicht, ob ich ohne die beständige Ermutigung durch meine Familie vom Ausbrennen genesen wäre. Sie riefen mich an, sie schrieben mir Briefe, sie luden mich zum Abendessen ein und hatten tausend Vorwände, mich zu besuchen und zu sagen: „Myron, gib nicht auf, du wirst es schaffen. Wir glauben nach wie vor an dich!" Ihr Glaube an mich half mir dabei, dass auch ich selbst wieder an mich glauben konnte.

Lieben Sie ihn, auch wenn er nicht liebenswert ist

In 1. Thessalonicher 5,15 heißt es: „Seht zu, dass niemand Böses mit Bösem vergilt, sondern versucht immer, einander und auch allen anderen Gutes zu tun!" Es kann sehr schwer sein, mit ausgebrannten Menschen zu leben und sie um sich zu haben. Oft lassen sie ihre Frustration an denen aus, die ihnen am nächsten stehen. Es ist allzu verlockend, zurückzuschlagen und Unrecht heimzuzahlen, aber wenn wir wirklich helfen wollen, müssen wir sie lieben, auch wenn sie im Moment vielleicht nicht liebenswert sind.

Bud Hillery sagte zu mir: „Ich denke, ich hätte schnellere Fortschritte bei der Genesung gemacht, wenn Kay mir nicht immer wieder angedroht hätte, mich zu verlassen." Er erzählte, wie das Durcheinander zu Hause die ohnehin große Frustration und die seelische Erschöpfung noch verstärkt und es ihm noch schwerer gemacht hatte, sich auf irgendetwas Positives zu konzentrieren.

„Ich sah die Zerrüttung unserer Ehe nur als einen weiteren Beweis dafür an, dass mir nichts mehr gelingen konnte", meinte Bud.

Kay pflichtete bei, dass ihr Mangel an Liebe und Unterstützung im Frühstadium von Buds Burnout ihm alles viel schwerer gemacht hatte. „Ich war so verletzt, dass ich wollte, dass er mit mir leidet", gab sie zu.

Sie sagten übereinstimmend, dass Bud deutlich besser vorankam, als Kay anfing, ihm mehr Gnade zu erweisen.

Zeigen Sie Interesse an seinen Anstrengungen und Fortschritten

Die Betroffenen brauchen die Gewissheit, dass sie auf ihrem Weg aus dem Burnout unterstützt werden. Je größer die „Anhängerschaft", desto größer das Potenzial zur Genesung.

Fußballreporter sprechen im Fernsehen oft über den „Heimvorteil" bei einem Spiel. Sie meinen damit, dass eine in hohem Maße interessierte und lautstarke Anhängerschaft zu Hause oft so wichtig ist wie ein zwölfter Mann auf dem Spielfeld. Das gilt auch für jemanden, der den Kampf gegen das Ausbrennen gewinnen will. Die Leute auf den Rängen können beim Erfolg eines Betroffenen eine wichtige Rolle spielen, indem sie deutlich ihre Unterstützung zeigen.

Lassen Sie ihn wissen, dass es nichts ausmacht, wenn ihm etwas misslingt

Wie schon mehrmals erwähnt empfindet sich der Betroffene als Versager. Familienmitglieder und Freunde können helfen, Misserfolge und Entmutigungen abzumildern, indem sie den Burnout-Kandidaten wissen lassen, dass es nichts ausmacht, wenn er unerwartet ein gesetztes Ziel nicht erreicht.

Wir dürfen nicht vergessen: Eine der Ursachen des Ausbrennens ist die Neigung der Opfer, sich zu unrealistischen Zielen anzutreiben. Auch im Ausbrennen tendieren diese Menschen dazu, zu früh zu viel zu erwarten, wenn sie nicht von einem Seelsorger oder Therapeuten begleitet werden. Und dann stehen sie plötzlich vor dem Aufgeben! Sie sehen das Versagen als weiteren Beweis dafür, dass jede Hoffnung verloren ist. Da eine der Folgen des Ausbrennens das Gefühl ist, alles sei hoffnungslos, ist es sehr wichtig, dem Betroffenen zu zeigen, dass es völlig in Ordnung ist, wenn er mal scheitert. Nichts ist hoffnungslos, und die Genesung vom Ausbrennen wird kommen – wenn derjenige nur nicht aufgibt.

Setzen Sie ihn nicht unter Erfolgsdruck

Je mehr Erfolgsdruck der Ausgebrannte empfindet, desto frustrierter und betroffener ist er, wenn er scheitert. Wenn Sie ihn ermutigen wollen, sollten Sie sorgsam darauf achten, dass Ihr Enthusiasmus nicht einen Punkt erreicht, wo das Opfer das Gefühl bekommt, unter Druck zu stehen.

Im Rückblick auf meine Erfahrungen mit dem Ausbrennen kann ich Ihnen versichern, dass das Burnout-Opfer bereits unter seinem eigenen inneren Erfolgsdruck steht. Familie und Freunde sollten locker sein und den Rekonvaleszenten zu einer vernünftigen Gangart ermutigen.

Predigen Sie ihn nicht an

In meinem Kampf mit dem Ausbrennen schaufelten wohlmeinende Freunde, Bekannte und sogar völlig Fremde mir
stapelweise Bücher unter die Nase, gaben alle möglichen
Ratschläge, stellten Vermutungen über die Ursachen des
Problems an und hielten mir stundenlange Vorträge, was
ich tun sollte und was nicht. Aus seelsorgerlichen Gesprächen mit anderen Opfern des Ausbrennens weiß ich, dass
es ihnen ähnlich erging.

Wer versucht, ein Burnout zu überwinden, braucht bestimmt keine Predigten und Vorträge von allen möglichen
Leuten – am wenigsten von Familienmitgliedern und
Freunden. Das heißt nicht, dass Sie nie einen Rat geben
oder einen Vorschlag machen sollen; aber vermeiden Sie
unbedingt Predigten und Vorträge. Das verstärkt nämlich
nur die Frustration des Betroffenen.

Versuchen Sie nicht, die Autorität des Seelsorgers
oder Therapeuten zu ersetzen

Es ist für Familienmitglieder sehr wichtig, dass sie dem
Seelsorger oder Therapeuten vertrauen. Vorausgesetzt,
die Person, die das Burnout-Opfer betreut, kennt sich mit
dem Ausbrennen und seinem Genesungsprozess aus,
braucht der Betroffene nur einen einzigen Seelsorger oder
Therapeuten. (Er braucht vielleicht Hilfe auf anderen Gebieten, zum Beispiel für seine Ehe, aber er sollte nur einen
einzigen Therapeuten für das Thema Ausbrennen haben.)

117

Wenn wohlmeinende Familienmitglieder oder Freunde ebenfalls mit dem „Therapieren" beginnen, bringen sie nichts als Verwirrung. Außerdem laufen sie Gefahr, die für eine erfolgreiche Genesung so wichtige Beziehung zwischen Therapeut und Patient zu untergraben.

7   Die Vollendung des Genesungsprozesses

Wir leben in der Zeit der „Wunderdrogen". Die Medizin hat auf der Suche nach Heilmitteln für Krankheiten, die noch vor wenigen Jahren als unheilbar galten, riesige Sprünge nach vorn getan. Fast jedes Organ, einschließlich des Herzens, kann heute erfolgreich transplantiert werden.

Wir sind außerdem daran gewöhnt, sofort Resultate zu sehen. Wir erfreuen uns aller möglichen Annehmlichkeiten vom Schnellimbiss zum Sofort-Fotodruck und halten sie für selbstverständlich. Früher waren wir froh, wenn das Fotogeschäft unsere Bilder in zwei bis drei Tagen entwickelt hat, heute laden wir sie prompt von der Digitalkamera auf einen Computer. In den vergangenen Jahrzehnten haben wir uns in eine Gesellschaft verwandelt, die nach Spontanheilungen und Sofortresultaten verlangt.

Aber bei all unseren medizinischen und technischen Errungenschaften haben wir recht wenige Fortschritte dabei gemacht, die Zeit zu verkürzen, die nötig ist, um von einem seelischen Problem geheilt zu werden. Es gibt keine Sofortreparaturen und Abkürzungen, wenn wir es mit den Schmerzen zu tun haben, die durch seelische Frustration und Erschöpfung verursacht worden sind.

Die Genesung vom Ausbrennen braucht ihre Zeit. Es mag vorkommen, dass wir uns morgens, wenn wir zur Arbeit gehen, gut fühlen und dann abends mit einem schweren Grippeanfall nach Hause kommen. Aber so entwickelt sich das Burnout nicht. Es braucht länger, manchmal Monate oder sogar Jahre, in denen Stress und Frustration langsam unsere Kraft aufzehren und physische, psychische und geistige Erschöpfung erzeugen. Und so, wie es Zeit braucht, das Ausbrennen zu entwickeln, dauert es auch lange, um sich davon zu erholen.

Keine zwei Menschen gleichen sich hundertprozentig, und auch keine zwei Erfahrungen des Ausbrennens. Aber ebenso, wie es gemeinsame Ursachen und Symptome des Burnouts gibt, existieren auch bewährte Prinzipien und Methoden zu seiner Heilung. In diesem Kapitel werden wir ein erprobtes schrittweises Vorgehen zur Heilung vom Burnout-Syndrom betrachten.

Trennen Sie sich von der Quelle des Problems

Der erste Schritt zur Genesung ist, dass Sie sich von der Quelle des Ausbrennens trennen. Wenn Sie Ihre Hand an einen heißen Ofen legen, wird sie zunächst auch dann noch schmerzen, wenn Sie sie wegnehmen. Aber selbst wenn Sie den Schmerz noch eine Weile spüren, hört er doch allmählich auf. Das Gleiche gilt für das Ausbrennen. Sie können nicht davon genesen, solange Sie in der Situation verharren, die es verursacht hat. Es ist eine unabdingbare Voraussetzung, dass Sie sich vor der „Hitze" zurückziehen, bevor der Heilungsprozess beginnen kann. Dies ist immer der Ausgangspunkt.

Das mag trivial erscheinen, aber für die meisten Menschen ist dieser erste Schritt sehr schwer. Denn an dieser Stelle erheben sich viele Fragen.

Etwa:

- „Wie weit muss ich weggehen?"
- „Wie lange muss ich wegbleiben?"
- „Wer ersetzt mich, wenn ich weg bin?"
- „Kommt die gleiche Situation wieder?"
- „Wie kann ich es mir leisten wegzugehen?"

Sie sehen, die Liste könnte beliebig fortgesetzt werden, und die Antworten sind nicht immer gleich zur Hand. Dies ist einer der Gründe, weshalb viele Menschen nie aus dem Ausbrennen herauskommen. Sie sind gefangen in Situationen und Umständen und wissen nicht, wohin sie sich um Hilfe wenden sollen.

Die meisten in diesem Kapitel vorgestellten Schritte sind nicht optional, sondern für eine erfolgreiche Genesung unabdingbar. Der erste Schritt bildet da keine Ausnahme.

Selbst Ihr Unterbewusstsein weiß, wie wichtig es für Sie ist, sich von der Quelle des Ausbrennens zu entfernen. Wie auch die Betroffenen uns oft zu signalisieren versuchen, befiehlt uns unser Unterbewusstsein, vor der Ursache des Problems wegzulaufen oder auf eine einsame Insel zu fliehen. Leute, die im Ausbrennen begriffen sind, wollen einfach weglaufen und sich vor der Welt verkriechen. Der Grund dafür ist zum Teil der, dass sie tatsächlich von der Quelle des Problems weg*müssen*.

Das kann auf verschiedene Weise erreicht werden. Ein Arbeitgeber kann vielleicht einen ausgebrannten Arbeitnehmer mit anderen Aufgaben betrauen, ihn in eine andere Abteilung oder sogar an einen anderen Ort versetzen. Manchmal ist es für einen Angestellten möglich, in einer anderen Schicht zu arbeiten, sodass er mit anderen Menschen in einer neuen und ganz anderen Atmosphäre zusammenarbeitet. Da jeder ein anderes Burnout erlebt, kann ich Ihnen nicht genau sagen, was für Sie das Beste ist. Aber ich kann Ihnen versichern, dass eine Genesung nicht möglich ist, solange Sie sich nicht von der Quelle des Problems trennen! Wie diese Trennung bewerkstelligt wird, ist etwas, das zwischen dem Therapeuten und dem Betroffenen je nach den Umständen ausgearbeitet werden muss.

Spannen Sie eine Zeit lang aus

Es ist unmöglich, sich mit dem Burnout zu befassen, solange das Opfer physisch erschöpft ist. Die physische Erschöpfung muss zuerst behandelt werden. Dieser Grundsatz wird deutlich, wenn wir zum Beispiel sehen, wie Gott Elia bei dessen Burnout geholfen hat. Elia hatte zu Gott gesagt: „Ich habe genug, Herr. Nimm mein Leben … !" (1. Könige 19,4). Elia litt zweifellos an einem schweren Fall von Burnout. Achten Sie in den folgenden Versen darauf, wie Gott mit Elia umgeht:

„Dann legte er sich hin und schlief unter dem Strauch ein. Doch plötzlich berührte ihn ein Engel und sagte zu ihm: ‚Steh auf und iss!' Er blickte um sich und sah ein Stück auf heißen Steinen gebackenes Brot und einen Krug Wasser bei seinem Kopf stehen. Also aß und trank er und legte sich wieder hin. Da kam der Engel des Herrn ein zweites Mal, berührte ihn und sagte: ‚Steh auf und iss, denn vor dir liegt eine lange Reise!' Er erhob sich, aß und trank, und das Essen gab ihm genug Kraft, um 40 Tage und Nächte bis zum Berg Gottes, dem Horeb, zu wandern."

(1. Könige 19,5–8)

Wie andere Ausgebrannte war Elia physisch erschöpft. Nachdem er Gott gesagt hatte, dass er innerlich aufgegeben hatte und sterben wollte, legte er sich zum Schlafen hin. Beachten Sie, dass Gott nicht vorbeikam und zu ihm sagte: „Nanu, Elia, was ist das für eine dumme Idee, herumzutrödeln und alles hinzuschmeißen? Ich habe große Pläne für dich, also steh schon auf!"

Nein. Gott sandte einen Engel mit Nahrung zu Elia. Gott wusste, dass er physisch erschöpft war, Ruhe brauchte und körperlich wiederhergestellt werden musste, bevor er wieder einsatzfähig war. Wir wissen nicht genau, wie lange Elia unter dem Ginsterstrauch ausruhte, aber es muss eine beträchtliche Zeit gewesen sein, denn Gott musste den Engel mehr als einmal schicken, um ihn zu versorgen. Wie Elia brauchen Menschen, die ausbrennen, eine Zeit der Ruhe und Entspannung.

Auch dies ist ein schwerer Schritt für Burnout-Opfer. Sie sind es überhaupt nicht gewohnt, einfach mal auszuspannen. Sie wissen womöglich nicht einmal, was das Wort „ausspannen" bedeutet! Ihr Leben war voller Tatendrang und Aktivität – und jetzt komme ich ihnen mit Ausspannen! In den meisten Fällen wissen sie vielleicht nicht einmal, wie man so etwas überhaupt anfängt.

An diesem Punkt spielt der Therapeut eine sehr wichtige Rolle. Er muss den Ausbrennenden nicht nur dahin bringen, alles Nötige zu veranlassen, damit er einige Zeit weggehen und ausspannen kann; er muss sich auch vergewissern, dass sein Schützling weiß, wie er ausspannen kann. Beachten Sie, dass ich „weggehen" gesagt habe. Wenn irgend möglich, sollte der Betroffene aus der gewohnten Umgebung hinausgehen – in den Urlaub, an einen ruhigen Ort, weit weg vom Telefon, von Hast und Last der anderen Menschen.

Als Jim Ander mich dazu aufforderte, einige Zeit freizunehmen, wegzugehen und auszuspannen, sagte ich: „Jim, das kann ich mir nicht leisten." Er sah mir offen in die Augen und sagte: „Myron, so wie ich es sehe, kannst du es dir nicht leisten, das *nicht* zu tun. Willst du dich von deinem Burnout erholen, oder willst du den Rest deines Lebens so fertig bleiben und ein jämmerliches Dasein fristen?"

Ich habe versucht, mit Jim zu streiten, aber er gab nicht nach. Ich musste weg und ausspannen. Als ich schließlich in einen Zwei-Tage-Ausflug einwilligte, brachte er mich dazu, ihn auf zwei Wochen auszudehnen. Aber Jim schickte mich nicht nur für zwei Wochen weg. Er war viel raffinierter als ich. Er gab mir einen Katalog von Regeln, die ich befolgen musste:

- Such dir einen ruhigen Ort mit Erholungsmöglichkeiten wie Schwimmen, Golf, Tennis, Reiten, Angeln und Wandern.
- Nimm die Bibel mit und etwas Entspannungslektüre.
- Nimm dir fest vor, deine Zeit nicht damit zu verbringen, deine Probleme lösen zu wollen oder herauszufinden, was du tun sollst. Denk dran, du gehst zum Ausruhen und Entspannen weg – zu nichts anderem!
- Nimm dir keine Arbeit mit.
- Ruf niemals im Büro oder bei jemandem von der Firma an, solange du weg bist.
- Lies keine Zeitungen und verzichte auch auf die Fernsehnachrichten. Du bist weg, um die Entspannung zu genießen, und nicht, um dich in Gedanken mit den Problemen der Welt zu beschäftigen.
- Tu jeden Tag etwas anderes. Spiele nicht *nur* Golf und geh nicht *nur* Angeln.
- Versuch dich an Sachen, die du vorher noch nie getan hast. Wenn du zum Beispiel nicht Tennis spielen kannst, dann lerne es.
- Wenn du Menschen triffst, sprich nicht mit ihnen über deine Probleme oder das Ausbrennen.
- Ruf einmal deinen Seelsorger oder Therapeuten an, solange du weg bist.

Jim hat mir diese ganze Liste abgetippt und mitgegeben. Er hat mir aufgetragen, sie an einem auffälligen Platz aufzuhängen, damit ich sie jeden Tag vor Augen hatte. Ich muss zugeben, dass dies das erste Mal in meinem Leben war, dass ich mir die Zeit genommen habe, einfach auszuruhen und zu entspannen. Und es hat wahre Wunder an meiner Einstellung und meiner physischen Verfassung gewirkt.

Zwei Wochen später kehrte ich heim und verspürte weit weniger Stress und Anspannung als beim Weggehen. Mein Kopf schien klarer, und meine Probleme waren nicht mehr annähernd so überwältigend wie bei meiner Abreise. Ich fühlte mich bereit für den nächsten Schritt.

Ich habe diese Liste später bei vielen anderen Ausgebrannten angewendet, mit denen ich gearbeitet habe – jedes Mal mit positivem Ergebnis. Wenn Sie selbst ausgebrannt sind und sich auf den Weg der Genesung machen wollen, lege ich sie Ihnen wärmstens ans Herz.

Bauen Sie Ihr Selbstvertrauen wieder auf

Weil die Opfer des Ausbrennens nur noch ein sehr dürftiges Selbstbild haben, ist es absolut notwendig, dass sie nach der Rückkehr aus dem Urlaub gleich ein Erfolgserlebnis haben. Dies ist für den Genesungsprozess sehr wichtig. Dabei kommt es auf das Wörtchen „gleich" an. Niemand fängt an, mehr Selbstvertrauen zu entwickeln, wenn er mit seinem Therapeuten, Chef oder Freund Ziele anvisiert, die in fünf Jahren erreicht werden können. Wenn Sie ausgebrannt sind, können Sie sich nicht einmal vorstellen, dass Sie etwas erreichen könnten, für das Sie fünf Stunden brauchen.

Selbstvertrauen wird wiederhergestellt durch häufiges Erreichen kurzfristiger Ziele, die mit der Zeit schwieriger und langfristiger werden. Dies ist einer der wichtigsten Schlüssel zur Genesung vom Burnout.

An dem Tag zum Beispiel, als ich von meinem zweiwöchigen Ausflug zurückkehrte, rief Jim an und lud mich zu sich zum Abendessen ein. Nach dem Essen forderte er mich zu einer Partie Schach heraus. Ich wollte zuerst nicht spielen, gab aber schließlich nach – und gewann! An diesem Abend hatte ich keine Ahnung, was dieses Schachspiel für eine Funktion hatte: Ich erreichte das erste einer ganzen Serie von kleinen Erfolgserlebnissen, die meinen Heilungsprozess in Gang brachten. (Später erfuhr ich, dass Jim mich das Spiel gewinnen lassen hatte.)

An dieser Stelle ein Wort an die Therapeuten, Seelsorger und Vorgesetzten von Ausgebrannten: Vielleicht müssen Sie am Anfang auf die gleiche Art dem Erfolg ein bisschen nachhelfen, wie Jim es bei mir mit dem Schach getan hat. Tun Sie alles Erforderliche, um dem Betroffenen Erfolgserlebnisse möglich zu machen.

Zurück zu meiner Geschichte. Am Tag nach dem Schachspiel rief mich Jim an und bat mich, mich zum Mittagessen mit ihm zu treffen. Während wir auf die Bedienung warteten, fragte er mich, ob ich ihm zeigen könne, wie man Folien für einen Projektor bedruckt. Er bereitete sich auf ein Seminar über Verkaufstraining vor und wollte sein Material auf den neuesten Stand bringen.

Ich erklärte mich bereit, es ihm beizubringen, und dann fragte er, ob ich nicht mit ihm zusammen einige Vorträge halten könnte. Seit das mit dem Ausbrennen angefangen hatte, hatte ich versucht, Seminar- und Vortragsverpflichtungen zu vermeiden, aber nun stimmte ich zögernd zu. Als Nächstes fragte er mich, ob ich nicht ein Management-Seminar für eine Gruppe von Grundstücksmaklern halten wolle, falls er ihnen die Idee schmackhaft machen könne. Zuerst sagte ich Nein, aber später tat ich es doch.

In kurzer Zeit hatte mich Jim dazu gebracht, meine Beratungstätigkeit wieder aufzunehmen. Es geschah nicht über Nacht, auch nicht in ein paar Tagen. Es dauerte Monate, in denen Jim mich ständig ermutigte. Zuerst war es ein einfaches Schachspiel, dann eine etwas größere Herausforderung und ein etwas größeres Risiko. Es war keine Zauberei. Jim arbeitete einfach jede Woche (und manchmal jeden Tag) mit mir darauf hin, dass ich eine Reihe kurzfristiger Erfolge erzielte. Als ich gemerkt hatte, dass ich nach wie vor Erfolg haben konnte, begann ich langsam mein Selbstvertrauen zurückzugewinnen, das total zerstört gewesen war.

Wie Sie ausgebrannten Mitarbeitern helfen können

Auch wenn viele es nicht zugeben wollen: Chefs tragen oft zum Ausbrennen ihrer Mitarbeiter bei. Wenn Sie, der Sie dieses Buch lesen, ein Vorgesetzter sind, ermutige ich Sie nachdrücklich, bei Ihren Mitarbeitern nach Symptomen des Ausbrennens Ausschau zu halten und den Betroffenen wieder auf die Beine zu helfen.

Vielleicht sagen Sie sich, Sie seien kein ausgebildeter Therapeut und wüssten nicht, was zu tun ist. Wenn Sie aber dieses Buch sorgfältig durchlesen und seine Anregungen befolgen, werden Sie erstaunt sein, wie wirksam Sie Ihren Mitarbeitern beim Überwinden von Burnout helfen können. Aber ich muss Sie auch warnen: Das erfordert von Ihnen einiges Entgegenkommen. Wenn Sie zum Beispiel merken, dass ein Mitarbeiter auszubrennen droht, müssen Sie bereit sein, ihn eine Zeit lang freizustellen, damit er sich ausruhen und entspannen kann.

Wenn der Mitarbeiter dann wieder zurückkommt, ist es von großer Wichtigkeit, dass Sie Vorkehrungen treffen, seine Arbeitsbedingungen zu verändern, etwa durch ein neues Arbeitsumfeld mit neuen, anderen Pflichten und Zielen. Die alten Bedingungen haben zur Entstehung des Ausbrennens beigetragen. Wenn er in dieselbe Situation zurückkehrt, wird er mit Sicherheit nicht genesen.

Schließlich sollten Sie ihn dazu bringen, die Hilfe eines Seelsorgers oder Therapeuten zu suchen, wenn Sie den Eindruck haben, dass er das braucht. Dies sollte nicht ihm überlassen bleiben. Falls sich der Mitarbeiter weigert, ist es ihm mit dem Wunsch, geheilt zu werden, nicht ernst. Ihm muss klar werden, dass das Burnout seine Stelle gefährdet. Seien Sie bereit, mit jedem Mitarbeiter zusammenzuarbeiten, wenn er Ihre Hilfe sucht. Aber geben Sie niemals bei Ihren Leistungsanforderungen nach, wenn ein Ausbrennender Ihre Hilfe zurückweist. Das wäre unfair gegenüber den anderen, produktiven Mitarbeitern.

Stellen Sie ein konsequentes Fitnessprogramm auf

Eine Ursache physischer Erschöpfung bei Ausbrennenden ist der Mangel an körperlicher Betätigung. In fast allen Fällen leiden Burnout-Betroffene an Bewegungsmangel. Sie sind ziel- und hoffnungslos geworden und haben nicht die nötige Selbstdisziplin, um sich körperlich fit zu halten.

Bevor bei mir das Ausbrennen anfing, lief ich drei Meilen am Tag, verbrachte eine Menge Zeit mit Bergwanderungen und spielte regelmäßig Basketball mit meinem Sohn. Aber in den Tiefen des Burnouts hatte ich kaum noch genug Energie, um mich morgens aus dem Bett zu bewegen.

Wenn es Ihnen mit dem Wunsch ernst ist, vom Ausbrennen zu genesen, werden Sie sich mit Ihrem Therapeuten oder Seelsorger zusammensetzen und ein Fitnessprogramm ausarbeiten müssen. Es muss nicht radikal sein, aber regelmäßig. Es gibt viele gute Bücher über sinnvolles Fitnesstraining; besorgen Sie sich eins und halten Sie sich an die Empfehlungen darin.

Vergessen Sie nicht: Sie müssen sich erst einmal körperlich auf die Beine bringen, bevor Sie irgendeinen Fortschritt bei Ihrer seelischen und geistigen Genesung machen können.

Finden Sie einen neuen Lebensinhalt

Burnout-Betroffene haben ihren Lebensinhalt verloren. Sie haben keine Vision mehr für die Zukunft, und sie haben sich dazu entschlossen, das Leben überhaupt aufzugeben. Wenn sie vom Ausbrennen genesen wollen, müssen sie ihren Lebensinhalt neu definieren. Die Betonung dabei liegt auf: „einen neuen Inhalt". Aller Wahrscheinlichkeit nach hat nämlich der alte zu Ihrem Ausbrennen beigetragen. Deshalb ist es vermutlich keine gute Idee, da weiterzumachen, wo Sie aufgehört haben. Sie müssen neu überdenken, was Sie aus Ihrem Leben machen wollen, und es auch begründen. Sie müssen Ihren Wertmaßstab neu definieren und herausfinden, was Ihnen wirklich wichtig ist.

Stellen Sie sicher, dass Ihr Lebensziel Sie inspiriert und motiviert. Es muss lohnend sein, es muss Sie herausfordern. Passen Sie jedoch auf, dass es nicht so viel Macht über Sie gewinnt, dass es Sie wieder an den Rand des Ausbrennens treibt, wie Sie es schon einmal erlebt haben. Setzen Sie sich im Einvernehmen mit Ihrem Therapeuten oder Seelsorger neue Ziele für alle Lebensbereiche – für Familie, Karriere, Freizeit und Ihre Beziehung zu Gott.

Wie die anderen bereits erwähnten Schritte ist auch dieser sehr schwierig. Ausgebrannten Menschen fällt das Denken in Begriffen wie Sinn, Vision, Ziel und Plan schwer. Sie lassen sich nur noch treiben, statt selbst zu handeln. Statt über die Umstände zu herrschen, haben Sie den Umständen erlaubt, Sie zu beherrschen.

All das muss sich ändern. Ausbrennende Menschen müssen gewillt sein, wieder aktiv zu werden. Sie müssen neue, gute Gründe dafür bekommen, morgens aufzustehen, sich anzuziehen und durch die Tür in die Welt hinauszugehen. Und während Sie sich neue Ziele stecken und neue Zukunftsträume entdecken, werden Sie wieder zu merken: Das Leben ist wahrhaftig lebenswert!

Häufig gestellte Fragen über die Genesung vom Ausbrennen

Auf Seminaren über das Ausbrennen werden mir immer wieder eine Reihe von Fragen über den Genesungsprozess gestellt. Ich will einige der häufigsten hier beantworten:

Wie lange dauert die Genesung vom Ausbrennen?

Das ist von Mensch zu Mensch verschieden – aber es braucht seine Zeit. Im Allgemeinen dauert es zwischen einigen Monaten und einem Jahr oder länger.

Wie oft soll ich mich mit meinem Betreuer treffen?

Am Anfang sollten Sie bereit sein, ihn wenigstens zweimal in der Woche zu sehen. Manchmal werden Sie ihn sogar öfter brauchen. Nach einer gewissen Zeit wird der Therapeut oder Seelsorger, je nach Ihren Fortschritten, Ihre Treffen auf einmal in der Woche reduzieren, dann auf einmal in 14 Tagen und so weiter.

Wie lange soll ich mich betreuen lassen?

Mindestens ein halbes Jahr. Die genaue Dauer ist von Fall zu Fall verschieden.

Kann man überhaupt völlig vom Ausbrennen genesen?

Ja! Wenn Sie schlechte Gewohnheiten durch gute ersetzen, können Sie sogar in der Folge freier, zufriedener und produktiver werden als zuvor.

Kann man auch mehr als einmal ausbrennen?

Aber sicher – wenn Sie in die alten Gewohnheiten zurückfallen, die das Ausbrennen haben entstehen lassen. Aber das zweite Mal wird viel schneller kommen. Häufig dauert es viele Jahre, bis man zum ersten Mal in einen Burnout gerät. Aber das nächste Mal kann eine Frage von nur wenigen Monaten sein.

Beim zweiten Mal ist die Gefahr auch viel größer, dass man sich nicht mehr erholt und dauerhafte Schäden davonträgt. Daher ist es sehr wichtig, dass ein Mensch, der sich von einem Burnout erholt hat, sich weiterhin konsequent an die Grundsätze hält, um das Gleichgewicht in seinem Leben zu bewahren.

Nimmt die Verbreitung des Ausbrennens zu, oder handelt es sich dabei nur um ein neues Modewort für altbekannte Probleme?

Das Ausbrennen ist sicher heute ein größeres Problem als in der Vergangenheit. Dafür gibt es viele Gründe. Der wichtigste ist, dass in unserer Gesellschaft die Menschen unter einem viel größeren Leistungsdruck stehen als in vorherigen Generationen. Wir legen großen Wert auf Erfolg und Produktivität und sind Teil einer hochgradig wettbewerbsorientierten Gesellschaft. Hinzu kommt, dass unser gesamtes wirtschaftliches Umfeld viel instabiler ist als früher. Es ist für Unternehmen viel schwieriger, eine gesunde finanzielle Basis zu schaffen und zu erhalten, weil eine so große Betonung auf dem wirtschaftlichen Wachstum liegt. Außerdem werden die Menschen immer intoleranter gegeneinander. Dies verstärkt den Druck, der ohnehin schon auf der Arbeitnehmerschaft liegt, und macht Managern und Vorgesetzten ihren Job viel schwerer als in den vergangenen Jahren. All diese Faktoren – und andere, die zu erwähnen hier der Platz nicht ausreicht – tragen wesentlich zu einer größeren Verbreitung des Burnouts bei.

Beeinträchtigt das Ausbrennen die Beziehung
zu Gott?

Wir wollen der Beantwortung dieser Frage das nächste Kapitel widmen. Aber lassen Sie mich hier so viel sagen: Der Einfluss des Burnouts auf unsere geistliche Gesundheit ist gewöhnlich genauso groß wie der auf unsere körperliche und seelische.

8 Geistliche Aspekte des Ausbrennens

Das Ausbrennen zehrt einen nicht nur physisch und seelisch auf, sondern auch geistlich. Einige der größten Kämpfe, denen sich ausgebrannte Christen gegenübersehen, sind geistlicher Natur. Sie befinden sich plötzlich mitten in einem Kampf um ihr geistliches Leben.

Achten Sie einmal darauf, wie 1. Petrus 5,8 den Teufel beschreibt: „Seid besonnen und wachsam und jederzeit auf einen Angriff durch den Teufel, euren Feind, gefasst! Wie ein brüllender Löwe streift er umher und sucht nach einem Opfer, das er verschlingen kann."

Löwen stürzen sich nicht auf jede Beute. Sie haben sicher noch nie gehört, dass ein Löwe einen gesunden, erwachsenen Elefanten angegriffen hat. Hungrige Löwen suchen nach schwachen, kranken und verwundeten Tieren. Denn die sind eine leichte Beute und haben in einem Kampf nicht viel entgegenzusetzen.

Satan geht auf die gleiche Art vor. Er streift umher wie ein Löwe und sucht nach einem schwachen, erschöpften Menschen, um ihn zu verschlingen.

Ausgebrannte Menschen sind eine ideale Beute. Sie sind körperlich und seelisch erschöpft. Ihr Selbstvertrauen ist zerstört. Sie sind bereit, sich komplett aufzugeben – genau der Zustand, nach dem der Satan Ausschau hält.

Satan will, dass Sie Gott die Schuld geben

Satans Endziel ist, Ihr Burnout dazu zu benutzen, Ihr Vertrauen auf Gott zu zerstören. Und er beginnt mit dem Versuch, Sie dahin zu bringen, Gott die Schuld für Ihre Schwierigkeiten zu geben. Erinnern Sie sich an Moses Ausspruch in 4. Mose 11,11: „Warum behandelst du deinen Diener so schlecht? Womit habe ich es verdient, dass du mir die Verantwortung für solch ein Volk auflädst?" Mose gab Gott die Schuld für den Schlamassel, in dem er sich befand.

Und beachten Sie auch, was Jeremia in seinem Kampf mit dem Ausbrennen zu Gott gesagt hat: „O Herr, du hast mich überredet, und ich habe mich überreden lassen" (Jeremia 20,7). Wie Mose glaubte Jeremia, Gott habe ihn fallen lassen. Er dachte, Gott sei schuld an den Schwierigkeiten, die er hatte. Leider ist das typisch für Menschen, die ausbrennen. Fast immer geben sie Gott die Schuld an ihrer prekären Lage.

Eines Tages rief mich mein Versicherungsmakler James Harmon wegen einiger offener Angebote im Büro an. Ich vereinbarte einen Termin mit ihm, und nachdem er mir sein Angebot unterbreitet hatte, sagte ich: „Mr. Harmon, ich denke, Sie bieten mir da ein gutes Paket an, aber ich habe es mir zur Gewohnheit gemacht, über solche Dinge zuerst zu beten, bevor ich eine Entscheidung treffe."

Er lief rot an, und ich merkte, dass er ärgerlich wurde. Ich dachte, er fürchte um den Abschluss, aber auf das, was dann kam, war ich nicht vorbereitet. Er schlug seinen Aktenkoffer zu und sagte gereizt: „Ich wusste gar nicht, dass überhaupt noch jemand betet!" Nach einer peinlichen Pause sah er mich an und fügte hinzu: „Halten Sie es für möglich, dass ich einmal Geistlicher gewesen bin?" Bevor ich antworten konnte, fuhr er fort: „Ich war fünfzehn Jahre lang Pastor."

Wieder eine Pause. Ich konnte erkennen, dass es ihm schwerfiel, darüber zu sprechen. Aber da er nun einmal das Thema angeschnitten hatte, fragte ich: „Was ist passiert? Warum haben Sie das aufgegeben?"

„Ich habe es nicht mehr verkraftet!"

Dann erzählte er mir seine Geschichte. Nach dem Predigerseminar hatte er sich dem Leitungsteam einer Gemeinde an der Westküste angeschlossen, und als zehn Jahre später der leitende Pastor in Pension ging, bat man ihn, sein Nachfolger zu werden. „Ich war gut im Ausarbeiten von Predigten, aber ich war ein mieser Verwalter. Auf dem Seminar hatten sie mir alles beigebracht, nur nicht, wie man Menschen managt. Eines Tages ist mir klar geworden, dass ich überhaupt nicht wusste, wie ich meine Mitarbeiter effektiv einsetzen sollte. Ich tat die ganze Arbeit selbst, und sie saßen nur da und sahen mir zu."

Er seufzte. „Ich wusste, dass ich etwas falsch gemacht hatte, aber nicht, wie ich es korrigieren sollte. Ich wurde mit jeder Woche müder. Es schien, dass mein Büro immer voller Menschen war, die wollten, dass ich etwas tue oder irgendwohin gehe oder jemanden besuche. Schließlich konnte ich einfach nicht mehr. Bei all den Leuten, die mich sprechen wollten, hatte ich nie genug Zeit, meine Predigten vorzubereiten. Eines Tages wurde mir dann klar, dass ich einfach nicht mehr dort sein wollte. Ich scherte mich nicht mehr um diese Leute und meine Predigten. Ich wollte einfach raus. So quittierte ich den Dienst und verkaufte von da an Versicherungen."

James Harmon war offensichtlich ausgebrannt. Aber noch immer wusste ich nicht, warum er so ärgerlich war. Ich sollte es bald herausfinden.

Als er seinen Aktenkoffer nahm und sich zur Tür wandte, sah er mich an und sagte: „Wollen Sie wissen, warum ich nicht mehr bete? Gott hat mich im Stich gelassen. Ich weiß, dass Gott mich in den Predigtdienst gerufen hat und nicht dazu, eine große Organisation zu managen. Es braucht Zeit, gute Predigten vorzubereiten, aber ich hatte wegen der vielen Unterbrechungen nie die Zeit dazu." An der Tür zog James seinen Mantel an. „Schließlich habe ich zu Gott gesagt, wenn er mir nicht die nötige Zeit für die Vorbereitung meiner Predigten gibt, muss ich den Dienst quittieren. Er hat meine Gebete nie erhört, da habe ich Schluss gemacht!"

Als James Harmon gegangen war, ließ ich mir die ganze Sache noch einmal durch den Kopf gehen. Ich konnte nicht glauben, was ich soeben gehört hatte. Vor zehn Jahren hatte Satan einen seelisch erschöpften, ausgebrannten Pastor mit List davon überzeugt, dass es Gottes Fehler war, wenn er dermaßen mit Kleinigkeiten beschäftigt war, dass er nicht genug Zeit fand, seine eigentliche Berufung zu leben und seine Predigten richtig vorzubereiten. James hatte Gott die Schuld für Organisationsprobleme gegeben, die entstanden waren, weil *er selbst* den Fehler gemacht hatte, Verantwortlichkeiten nicht richtig zu delegieren. Und zehn Jahre danach gab er Gott noch immer die Schuld dafür!

In der Tat hatte Satan James' Burnout dazu benutzt, seine Beziehung zu Gott zu zerstören. James Harmon hatte nicht nur Gott die Schuld für seine Verwaltungsprobleme in der Kirchengemeinde gegeben, er war auch ein griesgrämiger, verbitterter Mann geworden, dem es nicht einmal mehr etwas ausmachte, dass er nicht mehr betete.

Meine eigene Erfahrung mit dem Ausbrennen hat mich gelehrt, wie verwundbar wir für Satans Angriffe werden, wenn wir physisch und psychisch erschöpft sind. Auch ich bin durch eine Zeit gegangen, in der ich Gott die Schuld für das gab, was mir widerfahren ist. Ich erinnere mich, wie ich eines Abends allein in meiner kleinen Wohnung saß, meine Bibel anstarrte und mich bei Gott beschwerte, dass er mich fallen gelassen hatte. Ich weiß noch, wie ich gedacht habe: „Ist das der Lohn dafür, dass ich Gott gedient habe?" Ich wurde so wütend auf Gott, dass ich meine Bibel nahm und sie mit voller Wucht quer durchs Zimmer gegen die Wand schleuderte.

Wie Mose, Jeremia und James Harmon fühlte ich mich von Gott betrogen. Ich fragte mich unaufhörlich: „Warum hat mich Gott fallen lassen? Warum hat er mir das zustoßen lassen?" Ich war verwirrt und haderte mit Gott, obwohl ich es nicht zugeben wollte.

Einmal bin ich die Autobahn entlanggefahren und habe gedacht: „Wenn Gott nicht verhindern konnte, dass mir so etwas geschieht, wie kann ich ihm dann jemals wieder trauen?" Mir war nicht bewusst, dass ich Satan direkt in die Hände spielte. Ihm gefiel das. Er war mit dieser Art Denken nur zu einverstanden und tat alles, damit ich jeden Tag über solchen negativen Gedanken über Gott brütete.

Wenn ich zurückblicke, sehe ich, wie hinterlistig mich Satan attackiert hat, aber damals war ich mir nicht bewusst, dass er es war, der mich dazu bringen wollte, Gott die Schuld für meine Probleme zuzuschieben und ihm den Rücken zu kehren. Zum Glück hatte ich in dieser dunklen Zeit meines Lebens viele Menschen, die für mich beteten. Ich bin sicher: Ohne diese Gebete wäre hätte ich mich niemals von diesen verheerenden Angriffen Satans erholt. Denn er hat mich während meines Überlebenskampfs angegriffen.

Geistliche Taubheit

Die innere Erschöpfung während des Ausbrennens führt zu einer Art geistlicher Taubheit. Während ich einmal vor einer Gruppe von Pastoren ein Seminar über das Ausbrennen hielt, gestand mir einer von ihnen: „Ich bin so erschöpft, dass mir nie nach Beten zumute ist. Und wenn ich bete, scheint keiner zuzuhören – es ist, als spreche man gegen eine Wand."

Das erinnerte mich an Davids Verzweiflung in Psalm 22,1–3: „Mein Gott, mein Gott! Warum hast du mich verlassen? Warum bist du so fern und hörst meine Hilferufe nicht? Jeden Tag rufe ich zu dir, mein Gott, doch du antwortest nicht. Jede Nacht schreie ich zu dir, doch ich finde keine Ruhe."

Ich konnte mich mit dem Pastor und David gut identifizieren. Für mich war Gott so weit weg, dass er mich vielleicht gar nicht hören konnte, während ich um Hilfe schrie. In meinem physischen und psychischen Erschöpfungszustand erschien mir das Beten als eine enorme Aufgabe. Ich erinnere mich, wie ich einmal in einem Schnellrestaurant eingedöst bin, während ich versuchte, Gott für den Hamburger, die Pommes und die Cola zu danken. Als ich aufwachte, war ich so schockiert, dass ich aufstand und ging, ohne etwas anzurühren. Geistliche Aktivitäten wie Beten oder in der Bibel lesen scheinen oft mehr Kraft und Anstrengung zu erfordern, als wir im Ausbrennen noch haben.

Ein besorgter Freund rief mich eines Tages an und fragte: „Wie steht es denn im Augenblick um deine Stille Zeit?"

„Sie ist sehr still", antwortete ich und versuchte, ein bisschen Humor in meine Stimme zu legen, damit er nicht dachte, mein geistliches Leben sei überhaupt nicht mehr vorhanden. Mein Freund verbrachte die nächsten 15 Minuten damit, mir klarzumachen, wie wichtig eine regelmäßige Zeit des Gebets und Bibelstudiums in dieser Situation für mich sei. Er zitierte einige Verse und sagte, er wolle mir ein paar Bücher vorbeibringen, die ich unbedingt lesen müsse.

Ich wusste ja, dass er recht hatte. Aber meine Energie war auf einem dermaßen niedrigen Niveau, dass alles, was ich in der Woche lesen konnte, ein paar Verse aus den

Psalmen waren, ganz zu schweigen von einem systematischen Studium von irgendetwas. Ich fühlte mich ohnehin schon schuldig genug wegen der Art und Weise, wie meine Beziehung zu Gott aussah, und der Vortrag meines Freundes verstärkte nur mein Gefühl des Versagens, der Frustration, des Ärgers und der Schuld.

Schuldgefühle, die mit geistlichem Ausbrennen einhergehen

Wenn Christen ausbrennen, bekommen sie eine doppelte Dosis an Frustration, schwere Hoffnungslosigkeit und Verlust des Selbstvertrauens. Denn sie ringen sie nicht nur im emotionalen Bereich, sondern im geistlichen. In einem Zustand totaler Erschöpfung ist es noch schwerer, diese Kämpfe zu bestehen.

Wer ausbrennt, der spürt, wie die Welt um ihn herum zusammenbricht. Wenn er Christ ist, startet Satan eine Kampagne, um ihn zu überzeugen, dass seine Probleme Gottes Fehler sind. Wenn der Christ dann Gott die Schuld gibt, wird die Beziehung zu seinem himmlischen Vater immer mehr unterwandert. Dies erzeugt wiederum Schuldgefühle, die den Betroffenen noch weiter von Gott wegtreiben.

Schuld bringt uns dazu, dass wir uns vor Gott
verstecken wollen

Erinnern Sie sich an Adams und Evas Verhalten gegenüber Gott, als sie die verbotene Frucht im Paradies gegessen hatten? „Als es am Abend kühl wurde, hörten sie Gott, den Herrn, im Garten umhergehen. Da versteckten sie sich zwischen den Bäumen" (1. Mose 3,8).

Adam und Eva waren ungehorsam gewesen, und die daraus resultierenden Schuldgefühle bewirkten, dass sie wegrannten und sich vor Gott versteckten. Ausgebrannte Menschen, die Gott die Schuld an ihrer Lage geben, verhalten sich ebenso. Schuld bewirkt, dass sie vor Gott weglaufen und sich vor ihm verstecken wollen.

In meinem Kampf mit dem Ausbrennen bekam ich überwältigende Schuldgefühle. Die Folge davon war, dass auch ich versuchte, wegzulaufen und mich vor Gott zu verstecken. Aber wie kann man sich vor Gott verstecken?

Bei der Betreuung von ausgebrannten Menschen habe ich beobachtet, dass eine Art des Versteckens vor Gott die ist, sich vor anderen Christen zurückzuziehen. Das traf auch in meinem Fall zu. Es fing damit an, dass ich Einladungen von anderen Christen ausschlug. Dann gab ich das Bibellesen auf. Ich ging nicht mehr regelmäßig zum Gottesdienst. Ich verbrachte immer weniger Zeit im Gespräch mit Gott.

Die Folge war, dass ich eine geistliche Apathie entwickelte – und Satan gefiel das. Indem ich vor Gott, seinem Wort und seinen Leuten weglief, kehrte ich in der Zeit meiner größten Not der größten Hilfsquelle den Rücken.

Ich wollte mich zwingen, meine Probleme selbst zu lösen, und in meinem Erschöpfungszustand war das unmöglich.

Unsere Schuldgefühle erzeugen ein Bedürfnis nach Strafe

Im ersten Buch Mose lesen wir, wie Eifersucht und Hass Josefs Brüder dazu bewegten, Josef in die Sklaverei zu verkaufen (Kapitel 37), und wie sie in der Hungersnot die Probleme bei der Beschaffung von Lebensmitteln aus Ägypten als Strafe für das Böse empfanden, das sie getan hatten: „Das alles ist nur aufgrund dessen geschehen, was wir Josef vor langer Zeit angetan haben. Wir haben seine Angst gesehen, als er uns um Gnade anflehte, aber nicht darauf gehört. Jetzt müssen wir dafür büßen" (1. Mose 42,21).

Ihr Gewissen hatte sie offensichtlich überführt, und sie fühlten sich schuldig, weil sie Josef in die Sklaverei verkauft hatten. Ihre Schuldgefühle brachten sie zu der Annahme, dass ihre Schwierigkeiten eine verdiente Strafe für ihr Verbrechen waren.

Weil wir meinen, wir verdienten das Schlechte, das uns widerfährt, arbeiten wir vielleicht unbewusst darauf hin, die Strafe fortzusetzen, indem wir uns weiter schuldig machen. Mit anderen Worten: Tatsächlich bringen wir uns wegen der Schuld, die wir auf unseren Schultern tragen, fast um, indem wir uns selbst Probleme schaffen.

Der Kampf gegen die Verbitterung

Wie oben erwähnt versucht Satan, ausbrennende Christen dazu zu bringen, dass sie Gott für ihre Schwierigkeiten verantwortlich machen, denn das führt zu Verbitterung. Diese kann den Betroffenen mit seinem Umfeld wie eine Epidemie zerstören. Der Autor des Hebräerbriefes warnt uns ausdrücklich vor Verbitterung: „Achtet aufeinander, damit niemand die Gnade Gottes versäumt. Seht zu, dass keine bittere Wurzel unter euch Fuß fassen kann, denn sonst wird sie euch zur Last werden und viele durch ihr Gift verderben" (Hebräer 12,15).

Verbitterung hat die Macht, uns geistlich zu zerstören. Genau das war mit James Harmon geschehen, dem ehemaligen Pastor, der Versicherungsberater geworden war. Er war ein zorniger, verbitterter Mann geworden, der seinem Groll erlaubt hatte, seine Beziehung zu Gott zu zerstören. Seine Verbitterung war so stark, dass er sich sogar gereizt fühlte, wenn andere wegen einer Entscheidung beteten.

In Epheser 4,31 schreibt Paulus: „Befreit euch von Bitterkeit und Wut, von Ärger, harten Worten und übler Nachrede sowie jeder Art von Bosheit."

Wer voller Bitterkeit ist, kann mit niemandem auskommen – nicht einmal mit sich selbst. Er bereitet Wut und Zorn den Weg. Er will weder sich noch anderen die Fehler der Vergangenheit vergeben. Er ist ein Unruhestifter, schlägt wild um sich und beschuldigt andere, statt seinen eigenen Anteil an den Schwierigkeiten zu erkennen.

Er hindert Gott daran, in seinem Leben zu wirken, er verhärtet sich gegen die Bemühungen des Heiligen Geistes, mit seinem Gewissen ins Reine zu kommen. Er gibt Gott die Schuld an seinen Problemen, und am Ende beschuldigt er auch andere in gleicher Weise.

Ich hatte mit James Harmon noch mehrmals wegen meiner Versicherungen zu tun. Jedes Mal versuchte ich, mit ihm ins Gespräch zu kommen, denn er war offensichtlich einsam und verletzt. Aber er ließ mich nie durch die Mauer, die er um seine Seele gebaut hatte.

Einmal lud ich ihn zu einer Bibelstunde ein, aber er lehnte ab. „Ich habe vielleicht mehr von der Bibel vergessen, als Sie je erfahren werden!", behauptete er verächtlich. „Und sehen Sie nur, wohin es mich gebracht hat. Nein, danke. Ich bin sicher, dass ich etwas Besseres mit meiner Zeit anfangen kann, als mich mit ein paar irregeleiteten Leutchen zu treffen."

Er tat mir leid. Er schien nicht viele Freunde zu haben, aber als ich mit ihm Freundschaft schließen wollte, ließ er mich ganz schnell wissen, dass er nicht interessiert war. Trotzdem schien er offensichtlich die Gemeinschaft mit anderen Christen zu vermissen. Denn in einem unbedachten Augenblick sagte er einmal: „Manchmal fehlt mir immer noch das familiäre Gefühl, das wir in meiner Kirche in Kalifornien hatten. So etwas gibt es in der Versicherungsbranche nicht."

Aber als ich ihm ans Herz legte, die gleiche warme Atmosphäre in einer der Gemeinden in der Gegend zu suchen, sagte er: „Myron, fangen Sie nicht wieder damit an, mich anzupredigen. Sie verschwenden nur Ihre Zeit."

So weit hatte James recht. Es gelang mir nicht, einen Spalt in seiner Mauer aus Bitterkeit aufzutun. Aber ich bete, dass Gott ihm hilft, seine persönliche Beziehung zu ihm wiederzufinden.

Genesung vom geistlichen Burnout

Ein geistliches Burnout erfordert andere Vorgehensweisen als ein „normales" Ausbrennen.

Gott verspricht uns Hilfe

Der erste Schritt in der Genesung vom geistlichen Ausbrennen ist, sich auf Gottes Kraft zu verlassen. Denken Sie an seine Verheißung in Psalm 34,8: „Denn der Engel des Herrn beschützt die, die ihm gehorchen, und rettet sie."

Was verspricht dieser Vers? Dass Gott uns sowohl vor dem Bösen schützt als uns auch daraus errettet. Jeder ausgebrannte Christ sollte sich immer wieder an diesen Vers erinnern.

Und dann sollten Sie auch an die Worte in Psalm 22,25 denken: „Denn er hat die Augen nicht vor dem Leid des Bedürftigen verschlossen. Er hat sich nicht abgewandt, sondern hat seine Hilferufe gehört." Wer ausgebrannt ist, hat viele Schmerzen und Sorgen, aber diese Stelle gibt uns die Gewissheit, dass Gott da ist und sich um uns kümmert.

Damit Gott uns helfen kann, müssen wir unseren Blick von uns weg zu ihm wenden. Beachten Sie, was David in

Psalm 123,1–2 sagt: „Ich erhebe meine Augen zu dir, Gott, der du im Himmel thronst. Wie Knechte die Augen auf ihren Herrn richten und Mägde auf ein Zeichen ihrer Herrin achten, so blicken wir auf den Herrn, unseren Gott, und warten auf seine Barmherzigkeit."

Für Ausgebrannte ist es schwer, den Blick zu heben. Sie baden gewöhnlich in Selbstmitleid und fühlen sich völlig einsam und verlassen. Sie sind davon überzeugt, dass ihre Lage hoffnungslos ist, weil es ihnen unmöglich erscheint, ihre Probleme zu lösen. Aber wenn sie einmal ihren Blick von sich weg und auf Gott richten, wird ihnen klar, dass er bereit und imstande ist, alle ihre Probleme zu lösen.

Gott um Vergebung bitten und sie annehmen

Dieser Schritt setzt sich aus zwei Teilen zusammen. Zuerst müssen wir gewillt sein, Gott um Vergebung für unsere negativen und feindseligen Gefühle gegenüber ihm und anderen zu bitten. Zweitens müssen wir auch bereit sein, seine Vergebung *anzunehmen*. Johannes sagt: „Doch wenn wir ihm unsere Sünden bekennen, ist er treu und gerecht, dass er uns vergibt und uns von allem Bösen reinigt" (1. Johannes 1,9).

Es ist leicht, diesen Vers mit dem Verstand zu begreifen, aber wenn wir ausgebrannt sind, kann es für unser Herz sehr schwer sein, ihn anzunehmen. Um Gottes Vergebung annehmen zu können, müssen wir auch uns selbst vergeben, und das kann für einen Ausgebrannten ausgesprochen schwer sein.

Eine geistliche Heilung ist aber nicht möglich, solange wir nicht bereit sind, uns selbst zu vergeben. Eine Reihe von ausgebrannten Menschen haben mir gesagt: „Ich weiß, Gott vergibt mir, aber es sieht so aus, dass ich mir selbst nicht vergeben kann." Ich muss zugeben, dass ich mich genauso verhalten habe, als ich im Burnout steckte.

Aber das ist nur eine Ausflucht. Wenn wir wirklich Gottes Gnade begreifen, wird es uns leichtfallen, uns selbst zu vergeben. Das heißt nicht, dass wir einfach all unsere Schuld vergessen, aber wir wissen, dass Gott sie vergessen hat.

Hören Sie, wie David Gottes Liebe und Vergebung beschreibt: „Er bestraft uns nicht für unsere Sünden und behandelt uns nicht, wie wir es verdienen. Denn so hoch der Himmel über der Erde ist, so groß ist seine Gnade gegenüber denen, die ihn fürchten. So fern der Osten vom Westen ist, hat er unsere Verfehlungen von uns entfernt. Wie sich ein Vater über seine Kinder zärtlich erbarmt, so erbarmt sich der Herr über alle, die ihn fürchten" (Psalm 103,10-13).

Der Bibel zufolge liebt uns Gott wie ein Vater seine Kinder, und er vergibt uns nicht nur, sondern er wirft auch unsere Sünden weit weg – so fern der Morgen ist vom Abend, und das ist eine ganz schöne Entfernung!

Machen Sie die Kommunikationskanäle wieder frei

Um vom geistlichen Ausbrennen zu genesen, müssen wir die Verbindung mit Gott wieder in Ordnung bringen, die wir beschädigt haben, als wir ihn für unsere Schwierigkeiten verantwortlich gemacht haben. Das bedeutet, wir müssen wieder anfangen, Zeit im Gebet und mit dem Lesen seines Wortes zu verbringen.

Das heißt nicht, dass Sie einfach dort weitermachen können, wo Sie vor dem Ausbrennen aufgehört haben. Versuchen Sie nicht, sich in der ersten Woche auf 30 Minuten oder eine Stunde Gebet und Bibellesen festzulegen. Denken Sie daran, Sie können keine weiteren Misserfolge gebrauchen! Lassen Sie's am Anfang mit fünf Minuten Tag genug sein, lesen Sie einige wenige Verse – und machen Sie sich nichts daraus, wenn Sie zunächst keinen persönlichen Nutzen aus dem Gelesenen ziehen können.

Wenn Ihnen die Entscheidung schwerfällt, wo Sie mit der Lektüre anfangen sollen, versuchen Sie es mit den Psalmen. Erinnern Sie sich, auch David kannte das Gefühl des Ausbrennens, und Sie werden sehen, dass Sie sich in vielen seiner Texte wiederfinden.

Vergessen Sie nicht, dass die Minutenzahl, die Sie aufwenden, nicht annähernd so wichtig ist wie Ihre Aufrichtigkeit Gott und sich selbst gegenüber. Solange Sie ehrlich und echt sind, wird Ihre Zeit mit Gott sinnvoll sein. Die Dauer wird zunehmen, wenn es nötig ist.

Bauen Sie Ihre Beziehungen zu anderen Christen wieder auf

Im Prozess des Ausbrennens werden viele Beziehungen schwer in Mitleidenschaft gezogen. Ich habe miterlebt, wie als Folge eines Burnouts Geschäftspartnerschaften aufgelöst, Ehen ruiniert und Freundschaften aufgekündigt worden sind. Im Burnout werden Dinge gesagt und getan, die nicht zurückgenommen oder ungeschehen gemacht werden können. Böse Erinnerungen und Groll gegen andere haben es so an sich, noch lange weiterzuwirken, auch nachdem wir Gott für das, was wir gesagt und getan haben, um Vergebung gebeten haben.

Wer von geistlichem Burnout genesen will, muss an Jesu Aussage in Markus 11,24–26 denken: „Hört auf meine Worte! Ihr könnt beten, worum ihr wollt – wenn ihr glaubt, werdet ihr es erhalten. Doch wenn ihr betet, dann vergebt zuerst allen, gegen die ihr einen Groll hegt, damit euer Vater im Himmel euch eure Sünden auch vergeben kann." Jesus sagt in diesem Abschnitt eindeutig, dass wir auch anderen bereitwillig vergeben müssen, wenn wir erwarten, dass Gott uns vergibt und mit uns wieder eine Beziehung herstellt. Das ist keine Option, sondern eine Bedingung.

Mögen Sie sich wieder selbst

Wir können vom geistlichen Ausbrennen niemals voll genesen, wenn wir nicht lernen, uns selbst wieder zu lieben. Vielleicht sagen Sie: „Wie meinen Sie das?" Gerade Christen haben oft Schwierigkeiten damit, sich selbst zu mögen, weil ihnen von klein auf eingeimpft wird, dass sie sich selbst „verleugnen" sollen. Wenn die Bibel davon spricht, sich selbst zu verleugnen, heißt das, Gott vor den eigenen Willen, die eigenen Ziele, die eigenen Ambitionen und Wünsche zu stellen. Es bedeutet, Jesus zum Herrn und Meister unseres Lebens zu machen.

Das unterscheidet sich aber von der Achtung und der Liebe zu sich selbst, von denen die Bibel sagt, dass sie sehr wichtig sind. Beachten Sie, was Jesus sagt: „Jesus antwortete: Du sollst den Herrn, deinen Gott, lieben, von ganzem Herzen, mit ganzer Seele und mit all deinen Gedanken! Das ist das erste und wichtigste Gebot. Ein weiteres ist genauso wichtig: Liebe deinen Nächsten wie dich selbst" (Matthäus 22,37–39).

Liebe und Achtung vor sich selbst sind sehr wichtig. Wenn wir uns selbst nicht lieben, können wir auch andere nicht lieben. Wenn wir uns selbst nicht achten, können wir auch andere nicht achten.

Wer ausbrennt, verliert eine ganze Menge seines Selbstvertrauens und entwickelt als Folge davon ein armseliges Selbstbild. Er fängt an, seine Selbstachtung zu verlieren. Kurz, es fällt ihm schwer, sich selbst zu mögen. Das ist ein sehr ernstes Problem, denn ohne Liebe und Selbstachtung hat man nicht viel Grund zu leben. Und nicht viel Grund, sich um andere zu kümmern und darum, wie unser Handeln sie betrifft.

Wo Selbstachtung fehlt, entsteht Selbstverachtung. Und diese führt zur Selbstzerstörung. Wir müssen wieder lernen, uns zu lieben, wenn wir wirklich von geistlichem und seelischem Ausbrennen genesen wollen. Der beste Weg dazu ist, dass wir uns darüber klar werden, wie groß Gottes Liebe zu uns ist.

Lassen Sie die folgenden Bibelstellen auf sich wirken, die beschreiben, wie sehr Gott uns liebt.

- „Gott dagegen beweist uns seine große Liebe dadurch, dass er Christus sandte, damit dieser für uns sterben sollte, als wir noch Sünder waren" (Römer 5,8).
- „Der Herr ist von ferne gekommen und sprach zu ihm: ,Ich habe dich schon immer geliebt. Deshalb habe ich dir meine Zuneigung so lange bewahrt'" (Jeremia 31,3).

Durch die ganze Geschichte hindurch hat Gott immer wieder seine große und endlose Liebe zu uns bewiesen. Wir sind seine kostbaren Kinder. Er ist unser himmlischer Vater. Ganz gleich, wie schlecht wir uns benehmen, er liebt uns immer noch. Ich weiß nichts über Sie, aber für mich bedeutet das, dass ich liebenswert bin, und wenn ich mir dessen bewusst bin, hilft mir das, in der Genesung von seelischem und geistlichem Ausbrennen einen riesigen Schritt nach vorn zu tun.

9   Seelsorgerliche Betreuung Ausgebrannter

Dieses Kapitel soll zeigen, wie man einen Ausgebrannten seelsorgerlich berät und betreut. Sie müssen kein ausgebildeter Seelsorger oder Therapeut sein, um einen positiven Beitrag im Leben eines Burnout-Betroffenen zu leisten. Auch wenn Sie sich vielleicht nicht als qualifiziert betrachten, wird Ihnen dieses Kapitel das nötige Rüstzeug an die Hand geben, um einen Ausgebrannten zurück in ein normales und ausgewogenes Leben zu führen.

In Sprüche 27,17 heißt es: „Eisen schärft Eisen, ebenso schärft ein Mensch einen anderen." Dieser Vers kann auch auf einen Therapeuten oder Seelsorger zutreffen, der mit einem Ausgebrannten arbeitet. Der Umgang miteinander, Diskussionen und Ratschläge tragen dazu bei, dass zwei Menschen sich aneinander „schärfen" und besser werden.

Als ich ein kleiner Junge war und auf einer Farm in den roten Bergen von Oklahoma lebte, war es jedes Frühjahr meine Aufgabe, in den Werkzeugschuppen zu gehen, die Gartenhacken von der Wand zu nehmen, wo sie den ganzen Winter gehangen hatten, und sie zu säubern und zu schärfen. Ich tat das immer gern. In den kalten, feuchten Wintermonaten hatten die Hacken gewöhnlich eine ganze Menge Rost angesetzt. Ich suchte den Wetzstein heraus, spannte die Hacke in den Schraubstock und begann, die rostigen Kanten abzuschleifen. Bei jedem Strich rieselte feiner Eisenstaub auf den Boden, und allmählich wurde die stumpfe, rostige Kante der Hacke wieder scharf und glänzend. Wenn Sie jemals Unkraut mit einer Hacke gejätet haben, wissen Sie, dass das mit einer scharfen Hacke viel leichter und schneller geht als mit einer stumpfen, rostigen.

Einen Ausgebrannten zu betreuen, ist ähnlich wie das Schleifen einer Gartenhacke. Das Ausbrennen beraubt den einst produktiven Menschen seiner „scharfen Kanten". Er wird stumpf und rostig. Der Seelsorger oder Therapeut dient als Wetzstein, und wie der Stein allmählich die stumpfen, rostigen Kanten einer Hacke schärft, so hilft der Seelsorger oder Therapeut, die stumpfmachenden, schädigenden Wirkungen des Burnouts zu beseitigen und so die ausgebrannte Person wieder „so gut wie neu" werden zu lassen.

In diesem Kapitel werden wir den Prozess der seelsorgerlichen Betreuung von Ausgebrannten ganz genau betrachten. Auch wenn die Betonung auf dem Therapeuten oder Seelsorger liegen wird, sollte der Ausgebrannte selbst dieses Kapitel nicht überspringen. Je besser er Rolle und Aufgabe des Therapeuten oder Seelsorgers begreift, desto besser kann er mitarbeiten. Ich spreche aus Erfahrung.

Die Rolle des Seelsorgers oder Therapeuten

Der Seelsorger oder Therapeut spielt auf dem Weg aus dem Burnout eine Kardinalrolle. Aller Wahrscheinlichkeit nach wird der Betroffene niemals ohne Ihre Hilfe oder die eines anderen Seelsorgers oder Therapeuten genesen, der das Ausbrennen und den notwendigen Heilungsprozess versteht. Deshalb ermutige ich Sie, dieses Buch immer wieder zu lesen. Denn Sie müssen ein klares Verständnis der Schritte und Prinzipien bekommen, die zur Heilung nötig sind. (Vor allem dann, wenn Sie das Ausbrennen noch nie am eigenen Leib erfahren haben.)

Glauben Sie an die Genesung des Betroffenen

Bedenken Sie, dass der Ausgebrannte den Glauben an sich selbst verloren hat. Er glaubt nicht mehr, dass ihm etwas gelingen kann. Er sieht sich als Versager, und aller Wahrscheinlichkeit nach sehen ihn andere – seine Familie und engen Freunde – mit der Zeit auch so. Aber Sie sind der Katalysator zur Wiederherstellung seines Glaubens an sich selbst, und ohne diesen gibt es keine Genesung!

Ihr Glaube, Ihr Vertrauen in seine Fähigkeit, wieder Fuß zu fassen, muss schon bei Ihrem ersten Treffen zum Ausdruck kommen. Erinnern Sie sich an Bud und Kay Hillery aus Kapitel 5? An dem Abend, als ich das erste Mal mit ihnen über das Ausbrennen sprach, vermittelte ich ihnen beiden die feste Überzeugung, dass es für Bud eine reelle Chance auf Genesung gab.

Meine Absicht war, Bud und Kay Hoffnung einzuflößen, denn beide glaubten, die Lage sei hoffnungslos. Bedenken Sie immer: *Es ist niemals hoffnungslos!* Heilung ist immer möglich, solange der Betroffene mitarbeitet und genug kompetente Hilfe hat.

Aus diesem Grund ist eine der wichtigsten Funktionen eines Seelsorgers oder Therapeuten, dem Ausgebrannten zu vermitteln: „Ich glaube an dich." Dieser Glaube muss immer wieder bestätigt werden. Jedes Mal, wenn Sie die ausgebrannte Person treffen oder mit ihr telefonieren, müssen Sie ihr klarmachen, dass sie wieder gesund werden kann und wird.

Geben Sie niemals auf

Ich kann das nicht genug betonen! Sie dürfen einen Ausgebrannten, den Sie seelsorgerlich betreuen, niemals aufgeben. Lassen Sie es mich noch einmal wiederholen: Er hat sich selbst aufgegeben, und viele von denen, die ihm am nächsten stehen, sind vielleicht nahe dran, ihn ebenfalls aufzugeben. Sie sind womöglich der einzige Mensch, der noch daran glaubt, dass für ihn Hoffnung besteht. Wenn auch Sie ihn aufgeben, könnte ihn das seelisch dermaßen vernichten, dass er sich nie wieder erholt. Geben Sie ihn nicht auf, selbst wenn er auch nicht mehr an Sie und Ihre Fähigkeit glaubt, ihm helfen zu können.

Seien Sie immer verfügbar. Das ist der beste Beweis, dass Sie wirklich daran glauben, dass der Betroffene genesen kann. Geben Sie nicht nur Lippenbekenntnisse ab; bestätigen Sie Ihre Worte tatkräftig und mit Engagement.

Erinnern Sie sich: Ganz sicher gibt Gott einen Ausgebrannten nicht auf. Ganz gleich, wie viele Male jemand aufgibt, ganz gleich, wie langsam die Genesung vorankommt, Gott sagt nie: „Jetzt reicht es mir aber! Wage es nie mehr, mich zu rufen! Ich schreibe dich als hoffnungslosen Fall ab!"

Nein, Gott steht immer zur Hilfe bereit. Und wir, die Seelsorger, müssen es ihm gleichtun. Ganz egal, wie oft die Betroffenen auch alles vermasseln, die Anweisungen missachten oder sagen: „Ich gebe auf!" – seien Sie immer bereit, die Scherben wieder aufzulesen, und helfen Sie unbeirrt weiter, auch wenn das bedeutet, immer und immer wieder von vorn anzufangen.

Es zahlt sich aus – ich spreche aus Erfahrung. Ich habe den Glauben an Jim, meinen Seelsorger und Therapeuten, viele Male aufgegeben, bis ich endlich wieder gesund war. Das meint auch Paulus und ermutigt alle Gläubigen: „Deshalb bleibt fest und unerschütterlich im Glauben, liebe Freunde, und setzt euch mit aller Kraft für das Werk des Herrn ein, denn ihr wisst ja, dass nichts, was ihr für den Herrn tut, vergeblich ist" (1. Korinther 15,58).

Seien Sie ein guter Zuhörer

Jeder gute Seelsorger hat gelernt, wie wichtig Jakobus 1,19 ist: „Liebe Freunde, seid schnell bereit, zuzuhören, aber lasst euch Zeit, ehe ihr redet oder zornig werdet." Gute Seelsorger, gute Therapeuten sind gute Zuhörer. Sie können niemandem helfen, solange Sie seine wirklichen Nöte nicht kennen. Sie müssen genau wissen, wie ihm oder ihr zumute ist und warum. Das geht nur durch aufmerksames Zuhören.

Anfangs hören Sie einer sehr negativen Person zu. Sie ist mit sich am Ende – und vermutlich auch mit der Welt. Sie wird sich vielleicht über alles beklagen, angefangen mit dem Wetter bis hin zu der Art, wie jemand Kaffee einschenkt. Sie wird dazu neigen, auf die meisten Ihrer Vorschläge und Maßnahmen negativ zu reagieren.

Seien Sie ein guter Beobachter. Achten Sie auf Dinge wie Einstellungen, Reaktionen, Gefühle und besonders auf die Auswirkungen, die Ihre Ratschläge haben. Dies wird es Ihnen ermöglichen, Fortschritte des Betroffenen sofort zu bemerken. Achten Sie im Heilungsverlauf auf Veränderungen in der Einstellung. Wenn der Betroffene durch die Ausführung Ihrer Anweisungen Erfolge erlebt, sollten Sie bemerken, dass er anfängt, etwas Selbstvertrauen zu gewinnen. Aber wenn Sie auch nach Wochen noch keinen Fortschritt erkennen und es so aussieht, als ob der Betroffene immer depressiver wird und von Selbstmord spricht, dann sollten Sie ihn zu einem Profi schicken.

Seien Sie zunächst und zuerst ein Freund

Vergessen Sie nicht, dass Sie in erster Linie ein Freund sind. Auch wenn der Betroffene nicht unter Menschen sein will, braucht er verzweifelt Hilfe, und gewöhnlich glaubt er, er hätte keine Freunde mehr. Verbringen Sie also mit der Person, die Sie betreuen, einen Teil Ihrer Freizeit. Tatsächlich werden Sie die besten Gespräche führen können, wenn Sie nebenbei etwas unternehmen, das Spaß macht: Gehen Sie kegeln, Tennisspielen oder angeln.

Vergessen Sie nicht, dass die meisten ausgebrannten Menschen keinen Psychiater brauchen. Sie brauchen jemanden, der an sie glaubt und ihnen helfen kann, wieder an sich selbst zu glauben. Das wird am besten durch eine möglichst unauffällige Begleitung erreicht.

Lassen Sie den Betroffenen wissen, dass Sie mit ihm vor allem als Freund zusammen sein und ihm helfen wollen. Als Jim Ander mir zum Beispiel anfangs anbot, sich mit mir zu treffen und mir zu helfen, widerstrebte mir das sehr. Ich sagte Jim, er sei zu sehr mit der Firma und seiner Familie beschäftigt, um sich auch noch um mich zu kümmern. Aber er akzeptierte kein Nein. Er sagte: „Myron, wer nicht zur Stelle ist, wenn er gebraucht wird, ist kein Freund."

Jim betonte immer, dass er als Freund für mich da sei und sich um mich sorgte. Als ich es endlich geschafft hatte, das Tal des Burnouts zu verlassen, war Jim der beste Freund geworden, den ein Mensch haben kann.

Seien Sie ein Förderer und Mutmacher

Sie sind derjenige, der den Wandel in die Wege leitet. Sie werden helfen müssen, den Betroffenen zu den ersten Schritten zu motivieren. Erinnern Sie sich: Der vormals Erfolgreiche hat sein Leben auf Leerlauf geschaltet – vielleicht sogar in den Rückwärtsgang. Aus diesem Grund wird er vermutlich nicht freiwillig etwas unternehmen.

Ausgebrannte entwickeln häufig eine Art „Retterkomplex" gegenüber ihren Seelsorgern oder Therapeuten. Das heißt, sie verlassen sich darauf, dass sie Schritt für Schritt gesagt bekommen, was sie tun sollen und wann sie es tun sollen. Vielleicht müssen Sie zum Beispiel dem Ausgebrannten dabei behilflich sein, einen Ort zu finden, an dem er eine Zeit lang ausruhen und ausspannen kann. Manchmal ist allein schon die Entscheidung, wohin er fahren soll, mehr, als ein Ausgebrannter bewältigen kann. Sie sollten darauf gefasst sein, für ihn Anrufe zu tätigen, Reiseprospekte zu besorgen, vielleicht sogar beim Packen zu helfen, um die für die Genesung so dringend notwendige Erholung zu organisieren.

Sie werden mit Sicherheit viel zu tun haben beim Suchen und Festsetzen kurzfristiger Ziele zum Erreichen der dringend benötigten „Spontanerfolge". Und es wird viel Engagement von Ihnen erfordern, dem Ausgebrannten bei der Suche nach neuen Aufgaben und Zielen zu helfen.

Wenn Sie das nicht alles selbst in die Hand nehmen, wird nichts geschehen, und der Betroffene wird sich nie vom Ausbrennen erholen. Viele Seelsorger und Therapeuten machen hier oft einen großen Fehler. Sie meinen, ihre

Aufgabe sei es nur, Vorschläge zu machen und dem Betroffenen die Richtung zu zeigen. Und dann sind sie enttäuscht, weil nichts geschieht. Ihnen ist Folgendes nicht klar: Bei einem Ausgebrannten tut sich normalerweise erst etwas, wenn der Seelsorger dem Betroffenen hilft, die erforderlichen Entscheidungen zu treffen.

Integer bleiben

Es ist sehr wichtig, dass Sie absolut aufrichtig bleiben, wenn Sie Ihren ausgebrannten Freund betreuen. Andernfalls untergraben Sie Ihre Glaubwürdigkeit.

Bewahren Sie absolutes Stillschweigen über das, was Ihnen der Ausgebrannte anvertraut – auch vor Ihrer eigenen Familie. Wenn der Ausgebrannte mit anderen darüber sprechen will, wie es mit ihm vorangeht, dann ist das seine Sache. Aber Sie selbst sollten niemals solche Dinge weitertragen.

Wie man auf den Betroffenen zugeht

Es ist nicht immer leicht, das Thema Ausbrennen bei denen anzuschneiden, die gerade in seinen Fängen sind. Tut man es dann schließlich, so sträubt sich der Betroffene vielleicht, über seine persönlichen Probleme zu sprechen. Hier sind einige Methoden, das Eis zu brechen und ein Gespräch mit einem Betroffenen in Gang zu bringen:

- Geben Sie ihm einen Artikel oder ein Buch über das Burnout-Syndrom. Vielleicht wird er kein Wort lesen, aber Sie haben dadurch die Gelegenheit, das Thema später wieder aufzugreifen. Sie können dann notfalls den Artikel oder das Buch mit eigenen Worten zusammenfassen.
- Erzählen Sie von Ihrer eigenen Erfahrung mit dem Ausbrennen, wenn Sie über eine solche Erfahrung verfügen, oder berichten Sie von einem Bekannten, der es durchgemacht hat.
- Lassen Sie ihn immer wieder wissen, dass Sie in jeder nur möglichen Weise zur Hilfe bereit sind, und sei es nur als Zuhörer.
- Schlagen Sie weitere Treffen vor, um ganz gezielt über die Erfahrung des Ausbrennens zu sprechen und herauszufinden, wie Sie zu seiner Genesung beitragen können.
- Wenn es sich um einen Ihrer Angestellten handelt, dann sprechen Sie die Arbeitsleistung an. Lassen Sie ihn wissen, wie sehr seine Leistungen abgefallen sind und dass Sie den Eindruck haben, dass er möglicherweise eine Zeit des Burnouts erlebt.

Das erste Treffen

Das erste Treffen mit einem vom Ausbrennen Betroffenen sollte in einer entspannten Atmosphäre stattfinden. Ich persönlich schlage meist ein Restaurant oder Café vor, denn das ist ein neutraler Ort mit einer unverbindlichen und doch freundlichen Umgebung. *Niemals sollte die erste Begegnung beim Betroffenen oder bei Ihnen zu Hause stattfinden.*

Denn das kann ihn hemmen – er fühlt sich vielleicht unwohl und ist nicht frei, über seine Probleme zu sprechen. Achten Sie darauf, dass Sie beim ersten Treffen folgende Punkte nicht vergessen:

• Betonen Sie Ihren Glauben daran, dass der Betroffene das Burnout überwinden kann.
• Beziehen Sie sich *kurz* auf die wichtigsten Phasen Ihres eigenen Weges, wenn Sie selbst schon einmal ausgebrannt waren.
• Empfehlen Sie dem Ausgebrannten die Lektüre dieses Buches. Zeigen Sie es ihm und sagen Sie, dass Sie es als Leitfaden gebrauchen.
• Gehen Sie noch einmal kurz, in höchstens fünf Minuten, den Fahrplan für die nächste Zeit durch. Versichern Sie ihm nochmals, dass Sie wissen, dass er wieder gesund werden wird.
• Zeigen Sie dem Betreffenden, wenn er Christ ist, die Bibelabschnitte, die Moses, Jeremias und Elias Erfahrungen mit dem Burnout schildern. Dadurch kann er erkennen: Burnout kann jeden treffen!

- Erkundigen Sie sich immer wieder, ob er Fragen hat. Er muss nicht notwendigerweise schon beim ersten Treffen seine ganze Geschichte – wie und warum er ausgebrannt ist – erzählen. Dies wird sich in den folgenden Treffen herausschälen.

- Erklären Sie ihm am Ende des Treffens: „Es ist sehr wichtig, sich bewusst dem Seelsorger zu öffnen und eine Entscheidung zu treffen, durchzuhalten, gerade dann, wenn es schwerfällt." Bekräftigen Sie noch einmal Ihr Engagement. Fragen Sie ihn: „Möchten Sie eine verbindliche Partnerschaft mit mir eingehen, um das Burnout zu bekämpfen?"

- Dieses erste Treffen sollte nicht länger als eine Stunde dauern. Ihr Ziel ist es, den Betroffenen mit dem Fahrplan der Genesung vertraut zu machen. Zudem soll er Vertrauen gewinnen und merken: Sie glauben an seine Wiederherstellung und werden sich enorm engagieren, um ihm zu helfen.

- Vereinbaren Sie, wann Sie sich innerhalb der nächsten drei oder vier Tage wieder treffen wollen. Dann können Sie mit der Seelsorge beginnen, sofern der Betroffene bereit ist, sich Ihnen zu öffnen und sich verbindlich auf den Prozess einzulassen.

- Schenken oder leihen Sie ihm ein Exemplar dieses Buches, und bitten Sie ihn, bis zum nächsten Treffen die ersten vier Kapitel zu lesen.

Das zweite Treffen

Rufen Sie den Betroffenen am Abend vor dem zweiten Treffen an. Fragen Sie ihn, ob er immer noch vorhat, sich mit Ihnen am nächsten Tag zur vereinbarten Zeit und am vereinbarten Ort zu treffen. Denken Sie daran, dass es gar nicht unwahrscheinlich ist, dass er es vergessen oder es sich anders überlegt hat.

Dieses Treffen sollte nicht länger als anderthalb Stunden dauern. Dabei sollten Sie folgende Punkte ansprechen:

- Hat er die ersten vier Kapitel dieses Buches gelesen? Wenn ja, loben Sie ihn, weil er schon den ersten Schritt bewältigt hat. Sagen Sie ihm noch einmal: „Ich glaube fest an Sie!" Wenn er die Kapitel nicht lesen konnte, dann erinnern Sie ihn daran: „Es ist wichtig, dass wir uns beide verbindlich auf den Prozess einlassen. Nur dann ist es möglich, einen Ausweg zu finden."
- Geben Sie ihm sein Exemplar des unterschriebenen Vertrags. (Sie haben sich vor diesem Treffen eine Kopie gemacht.)
- Lassen Sie sich von ihm alles berichten, von dem er den Eindruck hat, es habe zum Ausbrennen beigetragen und tue es noch immer. Machen Sie sich während dieser Besprechung genaue Aufzeichnungen, denn sie werden bei den künftigen Treffen gebraucht.
- Vergewissern Sie sich, dass er weiß, was ein Burn-out ist. Gehen Sie noch einmal die Definition mit ihm durch.

- Besprechen Sie die Faktoren, die zur Entwicklung der seelischen, physischen und geistlichen Erschöpfung geführt haben.
- Finden Sie heraus, wie seine Familie auf sein Ausbrennen reagiert, und fragen Sie, wenn er verheiratet ist, ob es ihm etwas ausmache, vielleicht auch einmal seinen Ehepartner zu einem späteren Treffen mitzubringen.
- Bitten Sie ihn, bis zum nächsten Mal den Rest des Buches zu lesen.
- Sagen Sie ihm, er solle die Kapitel 5 bis 7 besonders sorgfältig lesen und sich darauf vorbereiten, einige Zeit zum Ausspannen wegzufahren. In diesem Zusammenhang sollte er dem entsprechenden Abschnitt in Kapitel 7 besondere Aufmerksamkeit schenken.
- Vereinbaren Sie – wenn Ihr Freund verheiratet ist – ein Treffen mit seiner Frau zu einer Tasse Kaffee. Nutzen Sie diese Zeit, um ihr zu versichern, dass Sie darauf vertrauen, dass er vom Ausbrennen genesen wird. Und versuchen Sie abzuschätzen, welchen Einfluss sein Zustand auf die Familie hat.
- Vereinbaren Sie einen Termin für die dritte Sitzung etwa in einer Woche.

Die nötige Auszeit planen

Die Vorbereitungen auf die Auszeit sind der erste bedeutende Schritt im Genesungsprozess. Die Pläne dazu sollen beim dritten Treffen entwickelt werden. Fragen Sie bei dieser Sitzung den Ausgebrannten nach seiner Meinung zu den Kapiteln 5 bis 7, und besprechen Sie die wichtigsten Gesichtspunkte.

Haken Sie dann beim Abschnitt über den Urlaub in Kapitel 7 ein. Gehen Sie die Liste von Empfehlungen dort Punkt für Punkt durch, und legen Sie dem Ausgebrannten dringend nahe, sie anzuwenden.

Als Nächstes werden Sie entscheiden müssen, wie viel Zeit zum Ausspannen erübrigt werden kann. Vergessen Sie nicht, dass Sie auf diesem Gebiet flexibel bleiben müssen. Ideal wäre es, wenn der Ausgebrannte der Quelle des Problems ein paar Wochen den Rücken kehren könnte. Sein Terminplan mag das aber nicht zulassen. Vielleicht müssen Sie sich mit ein paar Wochenenden begnügen oder mit einem Tag in der Woche. All das muss im Einzelnen mit dem Betroffenen besprochen werden.

Wenn das alles einmal entschieden ist, besprechen Sie, wo der Ausgebrannte hinfahren soll. Das kann ein Kurort sein oder das Haus eines Freundes. Die Wahl wird von den jeweiligen Umständen abhängen. Versuchen Sie aber, sich so eng wie möglich an meine Empfehlungen zu halten.

Bedenken Sie immer, dass Sie sich vielleicht direkt in die Entscheidungsfindung einschalten müssen. Das Muster eines „Auszeit-Arbeitsblatts" (Arbeitsblatt 2, siehe Seite 221) kann dabei als Orientierungshilfe dienen.

Entwicklung eines Fitnessprogramms

Denken Sie immer daran: Wer dem Burnout zum Opfer gefallen ist, muss erst einmal seine physische Kraft wiederherstellen, bevor er anfangen kann, auch seelisch wieder auf die Beine zu kommen. Treffen Sie sich mit Ihrem Freund, sobald er von seiner Auszeit zurückgekehrt ist, und arbeiten Sie mit ihm ein körperliches Fitnessprogramm aus.

Das muss beileibe kein ausgefeiltes Trainingsprogramm für eine olympische Disziplin sein. Es soll sich nur dazu eignen, die allgemeine körperliche Verfassung des Betroffenen durch eine regelmäßige körperliche Betätigung zu verbessern. Sie löst die Verspannungen und den Stress, die sich in ihm aufgebaut haben, denn gerade die erschöpfen den Körper. Je nach Interesse und Fähigkeiten des Ausgebrannten gibt es eine Vielfalt von Möglichkeiten: Laufen, Schwimmen, Aerobic, Wandern, Gewichtheben, Tennis, eine Mannschaftssportart und vieles andere mehr. Besprechen Sie bei Ihrem Treffen die verschiedenen Möglichkeiten mit dem Betroffenen. Sie finden im Anhang ein Arbeitsblatt (siehe Seite 222), auf dem Sie das Fitnessprogramm schriftlich festlegen können. Der Ausgebrannte sollte sich am besten von einem Arzt untersuchen lassen, bevor er damit anfängt.

Richten Sie sich darauf ein, gelegentlich selbst mitzumachen, damit Sie sichergehen, dass der Betroffene überhaupt anfängt. Lassen Sie ihn aber auch wissen, dass Sie ihm die Einhaltung des Plans zutrauen. Loben Sie ihn, wenn er etwas gut gemacht hat. Das ist sehr wichtig für die Erneuerung seines Selbstvertrauens.

Das Selbstvertrauen aufbauen

Sie werden dem Ausgebrannten helfen müssen, sich kurz-fristige, leicht erreichbare Ziele zu setzen, die an einem Tag zu erreichen sind. Vergessen Sie nicht, dass er unmittelbare Erfolge braucht. Mit den Erfolgserlebnissen sollten dann die Ziele mit der Zeit langfristiger und anspruchsvoller werden.

Für Sie, den Seelsorger, ist es sehr wichtig, dass Sie dem Ausgebrannten auf den Fersen bleiben. Wenn er sich zum Beispiel vornimmt, an einem Tag die Garage aufzuräumen, dann rufen Sie am selben Abend an und fragen, wie es gelaufen ist und ob er damit fertig geworden ist. Lassen Sie aber nicht den Eindruck entstehen, Sie seien eine Art „Big Brother", der ihn Tag und Nacht überwacht. Machen Sie ihn stattdessen deutlich, dass Sie sich einfach dafür interessieren, wie der Tag verlaufen ist. Ermutigen Sie den Ausgebrannten immer wieder, egal, welche Fortschritte er gemacht hat. Ermutigen Sie ihn auch, wenn er den Plan nicht eingehalten hat, ja nicht einmal mit der Garage angefangen hat. Sprechen Sie mit ihm darüber, wie er es morgen nachholen kann.

Kritisieren Sie den Betroffenen nie, wenn er ein gestecktes Ziel nicht erreicht. Das tut er schon selbst. Sie sollten ihn zwar immer aufgrund des Erreichten ermutigen, aber vermitteln Sie ihm auch Ihren Glauben, dass er noch mehr schaffen kann.

Nutzen Sie bei Ihren Treffen das auf Seite 223 abgedruckte Arbeitsblatt, wenn Sie über kurzfristige Ziele sprechen. Fangen Sie an, die Ziele weiter zu stecken, während der Ausgebrannte an seinen kurzfristigen Erfolgen wächst, und gebrauchen Sie für langfristige Ziele das Arbeitsblatt auf Seite 224. Langfristige Ziele erstrecken sich von einer Woche bis zu einem Jahr. Ziele, deren Erreichung beträchtliche Zeit kostet, sollten zur Feststellung der Fortschritte immer wieder besprochen werden. Kurz- und langfristige Ziele müssen in allen Lebensbereichen des Betroffenen gesetzt werden – in Beruf, Familie, Freizeit und bei der geistlichen Erneuerung.

Einen neuen Lebenssinn suchen

Lassen Sie den Ausgebrannten den Abschnitt über die Suche nach einem neuen Lebensinhalt in Kapitel 7 lesen, und diskutieren Sie mit ihm über das Thema. Ermutigen Sie ihn gemeinsam etwas schriftlich über den Sinn seines Lebens festzuhalten und Ziele zu formulieren. Bedenken Sie, der Sinn gibt Antwort auf ein *Warum,* aber nicht auf ein *Wie* und *Wann.* Wenn der Ausgebrannte seinen neuen Lebenssinn formuliert hat, beginnen Sie mit ihm, Kurz- und Langzeitziele festzulegen, die ihm helfen, seinen neuen Lebenssinn anzustreben.

An der geistlichen Erneuerung arbeiten

Hat der Ausgebrannte Kapitel 8 dieses Buches gelesen, setzen Sie sich mit ihm zusammen, sprechen es mit ihm Punkt für Punkt durch und bewerten mit ihm seine eigene geistliche Situation. Helfen Sie ihm, Ziele für seine geistliche Erneuerung zu setzen, indem Sie die Arbeitsblätter für kurz- und langfristige Ziele zur Hand nehmen. Auf der Suche nach Rat, wie man dem Betroffenen am besten helfen kann, können Sie in eine christliche Buchhandlung oder zu einem Geistlichen gehen. Hier wie dort wird man Ihnen das für einen Ausgebrannten geeignete Material empfehlen.

Raten Sie dem Ausgebrannten zum Besuch eines Hauskreises. Er sollte seine Kontakte und Beziehungen mit anderen Christen erneuern. Ermutigen Sie ihn auch nachdrücklich, wieder regelmäßig den Gottesdienst zu besuchen, wenn er damit aufgehört hat.

Das Ziel: eine ausgewogene Lebensweise

Es ist nicht nur Ihre Aufgabe, jemandem aus dem Burnout herauszuhelfen, sondern Sie sollten ihm auch bei der Findung einer ausgewogenen Lebensweise beistehen. Während er sich allmählich vom Ausbrennen erholt, besteht immer eine Neigung, zu den alten, ungesunden Gewohnheiten zurückzukehren, die in erster Linie an seiner Misere schuld sind. Sie sollen nun sicherstellen helfen, dass er nicht in diese alten Gewohnheiten zurückfällt. Erinnern

Sie sich: An Ihnen ist es, ihm zu helfen, die alten, schlechten Gewohnheiten abzulegen und sie durch neue, gute zu ersetzen, die alle Lebensbereiche ins Gleichgewicht bringen. Es mag sein, dass Sie mehrere Monate mit Ihrem Schützling daran arbeiten müssen, aber es wird eine der lohnendsten Erfahrungen Ihres Lebens sein!

Noch ein letzter Tipp: Versuchen Sie nicht, die Person, die Sie betreuen, in das Schema eines anderen zu pressen, der das Gleiche durchgemacht hat. Jeder Mensch ist einzigartig. Der Weg, der Sie zum Ausbrennen geführt hat, war unverwechselbar Ihrer. Erkennen Sie die andere Person deshalb als das Individuum an, das sie ist: diese besondere, einzigartige Person, anders als jede andere, die Gott gemacht hat. Sie werden sehen, dass das, was bei einem hilft, mit einem anderen nicht funktioniert. Jeder muss auf seine eigene Art heil werden, entsprechend seinen eigenen Gaben und Umständen.

Ebenso, wie ich glaube, dass Ihr Freund vom Ausbrennen genesen kann, so weiß ich auch, dass Sie imstande sind, der Seelsorger und Freund zu sein, den er für seine Wiederherstellung braucht.

10 Zurück zu einer positiven Einstellung

Wie wir schon in den vorangegangenen Kapiteln zum Ausdruck gebracht haben, sind Erfolgsmenschen meist besonders positiv eingestellt. Ihre Fähigkeit, selbst im Versagen nach vorn zu schauen, war eine der wesentlichen Ursachen ihres Erfolgs.

Aber das Burnout hat das alles geändert. Jetzt ist aus der einmal so positiven Person ein Pessimist geworden. Deshalb ist ein wichtiger Teil der Genesung vom Ausbrennen das Wiedererlangen einer positiven Einstellung zu sich selbst, zu anderen, zu Gott und zum Leben im Allgemeinen.

Die Rolle der inneren Einstellung

Einer der ersten Schritte zum Wiedererlangen einer positiven Einstellung ist die Anerkennung der bedeutenden Rolle, die innere Einstellungen im Leben spielen. Nach Sprüche 15,15 „bringt jeder Tag Sorgen für die Elenden; aber für ein fröhliches Herz ist jeder neue Tag ein Fest". Eine negative Einstellung tendiert dazu, Negatives hervorzubringen, eine positive Einstellung Positives.

Sprüche 23,6 scheint diesen Punkt noch einmal besonders hervorzuheben, denn dort heißt es: „Iss nicht bei einem Menschen, der geizig ist; und habe kein Verlangen nach seinen Leckerbissen."

Unsere innere Einstellung spielt eine sehr wichtige Rolle bei dem, was wir im Leben tun und erreichen. Es kommt weit mehr auf die Einstellung an als auf die Fähigkeiten!

Ihre Einstellung ist eines Ihrer wichtigsten Besitztümer. Sie arbeitet entweder für oder gegen Sie. Sie wird Ihnen helfen, die größten Hindernisse zu überwinden, oder sie wird Sie in die tiefsten Tiefen der Verzweiflung hinunterziehen. Die Einstellung ist für den Menschen das, was das Steuerruder für ein Schiff ist – das eine bestimmt den Kurs des Lebens, das andere den Kurs des Schiffes. Auf dem Meer des Lebens kann uns eine positive Einstellung selbst durch die heftigsten Stürme tragen und uns sicher in den Hafen bringen.

Sie haben Ihre Einstellung in der Hand

Vor meiner eigenen Erfahrung des Ausbrennens hatte ich eine positive Grundeinstellung, aber durch das Burnout wurde sie ausgesprochen negativ. Ich fand tausend Gründe und Entschuldigungen dafür, warum alles in meinem Leben danebenging.

Im frühen Stadium meiner Genesung nannte ich Jim, meinem Seelsorger, eine ganze Menge Gründe, warum ich keine der Anweisungen, die er mir gab, ausführen konnte. Meine Einstellung war: „Es wird sowieso nicht gehen, warum es also erst versuchen?" Und gewöhnlich ging es mit dieser Einstellung auch nicht.

Eines Tages nahm mich Jim auf eine Fahrt in die Berge mit. Als wir durch die herrliche Landschaft am Fuß des schneebedeckten „Pikes Peak" fuhren, sagte Jim: „Weißt du, Myron, du musst eine wichtige Entscheidung treffen, wenn du vom Ausbrennen genesen willst." Er sah mich an, lächelte, als wollte er fragen: „Bist du dazu bereit?", und fuhr dann fort: „Du musst dich dazu entscheiden, deine Einstellung zu ändern."

Er brauchte die nächste halbe Stunde dazu, mir einen Vortrag über meine negative Einstellung zu halten und wie sie mich von meiner Wiederherstellung abhielt. Er betonte, dass wir die Entscheidungsgewalt über unsere Einstellung haben: „Vor deinem Ausbrennen warst du ein ausgesprochen positiv eingestellter Mensch, denn du hattest dich dazu *entschieden,* optimistisch zu sein, auch wenn du mit einem Problem konfrontiert warst."

Ich musste ihm recht geben. „Und jetzt hast du eine negative Einstellung, weil du dich *entschieden* hast, negativ zu denken, wenn etwas schiefgeht."

Jim setzte mir auseinander, dass ich mich dazu entschließen musste, meine Einstellung vom Negativen zum Positiven zu ändern, damit ich die Anweisungen, die er mir gab, ausführen und dem Ausbrennen entrinnen konnte.

An diesem Tag entdeckte ich, dass die Einstellung tatsächlich eine *Wahl* ist. Ich kann mich dazu entscheiden, positiv zu denken oder negativ – die Wahl liegt bei mir! Ich habe die Macht über meine Einstellung, denn *ich* entscheide, wie ich in jeder Lebenslage denken, handeln und reagieren will.

Der Ausgebrannte möchte gern glauben, dass das „Licht am Ende des Tunnels" ein schnell fahrender Zug ist, der im Begriff ist, ihn zu überrollen. Aber sogar das Ausbrennen kann positive Auswirkungen auf unser Leben haben, wenn wir es nur zulassen. Die Wahl liegt bei uns.

Christen haben eigentlich nie Anlass, negativ zu denken. Erinnern Sie an Römer 8,28: „Und wir wissen, dass für die, die Gott lieben und nach seinem Willen zu ihm gehören, alles zum Guten führt." Ganz egal, was passiert – unter allen Umständen wird Gott die Lage zu unseren Gunsten nutzen. Im Bewusstsein dieser großartigen Verheißung dürfte uns die Entscheidung, positiv statt negativ zu denken, leichter fallen.

Ich weiß aus Erfahrung, dass es für einen Ausgebrannten nicht leicht ist, eine positive Einstellung zu haben. Denn er neigt dazu, sich von seinen Gefühlen beherrschen zu lassen, und da die gewöhnlich negativ sind, neigt er auch zu negativem Denken. Aber wir dürfen uns nicht von unseren Emotionen leiten lassen. Sie sind keine Tatsachen. Jakobus schreibt:

„Liebe Brüder! Ihr braucht nicht zu verzweifeln, wenn euer Glaube immer wieder hart auf die Probe gestellt wird. Im Gegenteil: Freut euch darüber! Denn durch solche Bewährungsproben wird euer Glaube fest und unerschütterlich. Bis zuletzt sollt ihr so unerschütterlich festbleiben, damit ihr in jeder Beziehung zur vollen geistlichen Reife gelangt und niemand euch etwas vorwerfen kann oder etwas an euch zu bemängeln hat" (Jakobus 1,2–4; Hoffnung für alle).

Was für eine großartige Aussage zum Thema innere Einstellung! Sie macht klar, dass ein Leben voller Bewährungsproben keine Entschuldigung für eine negative Einstellung ist. Selbst in stürmischen Zeiten können wir uns dazu entscheiden, glücklich zu sein, weil wir wissen, dass Gott auch die schlechten Erfahrungen dazu benutzt, uns zu den Menschen zu machen, als die er uns gedacht hat.

Die innere Einstellung ist also eine Frage der Entscheidung. Sie mögen nicht immer dazu in der Lage sein, Ihre Umstände zu bestimmen, aber Sie haben es mit Sicherheit in der Hand, wie Sie darauf reagieren. *Sie* entscheiden über die innere Haltung, die Sie in jeder Situation einnehmen, mit der Sie konfrontiert werden. Ganz gleich, wie schlecht Ihre Lage beim Ausbrennen aussieht – wie Jakobus 1,2–4 ausführt, ist es möglich (und notwendig), sich für die Aufrechterhaltung einer positiven Einstellung zu entscheiden.

Worauf Sie Ihre Gedanken konzentrieren sollten

Es reicht nicht, sich einfach für eine positive Einstellung zu entscheiden. Wir müssen unsere Gedanken auch auf Positives lenken, und nach und nach wird uns das zum Guten beeinflussen. Hören Sie, was Paulus in Philipper 4,8 sagt:

„Meine Brüder, orientiert euch an dem, was wahrhaftig, gut und gerecht, was anständig, liebenswert und schön ist. Wo immer ihr etwas Gutes entdeckt, das Lob verdient, darüber denkt nach" (Hoffnung für alle).

Dieser Vers gibt uns die Prinzipien zur Erhaltung einer positiven Einstellung an die Hand. Wir wollen das im Einzelnen betrachten.

„Orientiert euch"

Dies ist ein wichtiger Bestandteil der Entwicklung einer positiven Einstellung. Wir brauchen einen Fixpunkt, um in jeder Lage mit vollem Bewusstsein darauf hinzuarbeiten, uns auf das Positive zu konzentrieren und nicht auf das Negative.

Im ausgebrannten Zustand gibt es reichlich Gelegenheit, das Negative in den Mittelpunkt zu stellen. Da sind die häufigen Enttäuschungen über sich selbst und andere. Die eigene Produktivität sinkt, gesteckte Ziele werden nicht erreicht. Der Ausgebrannte verliert den Glauben an sich selbst und meint, dass es keine Lösung für die ständig wachsenden Probleme gibt, denen er sich täglich gegenübersieht. Er wird ständig bombardiert mit negativen Situationen, Gedanken und Emotionen.

Wir müssen es uns zur Gewohnheit machen, uns auf das Positive zu konzentrieren, wenn uns negative Gefühle zu ersticken drohen. Wir müssen uns dazu zwingen, unsere Aufmerksamkeit auf Dinge zu lenken, die gut sind statt schlecht; andernfalls werden wir uns nie vom Ausbrennen erholen.

„Was wahrhaftig, gut und gerecht ist"

Im Burnout ist es schwer, Wahrheit von Einbildung zu trennen. Die Realität wird verzerrt. Wir neigen dazu, aus einer Mücke einen Elefanten zu machen. Oft treffen wir Entscheidungen aufgrund von Vermutungen und Gefühlen statt aufgrund von Tatsachen.

Die Wahrheit ist niemals negativ. Die Wahrheit führt immer zum Positiven. Deshalb sind wir dazu aufgerufen, unsere Gedanken an dem festzumachen, was wahr ist.

Außerdem wird uns gesagt, wir sollen unsere Gedanken an dem orientieren, was „gut" ist. Wie schon erwähnt, ist der Ausgebrannte von schlechten Erfahrungen und Gefühlen vollkommen zugedeckt. Gerade deshalb hat er eine negative Einstellung. Um eine positive Einstellung zu pflegen, müssen wir uns auf das konzentrieren, was gut ist, und uns daran orientieren. Wir müssen so lange Ausschau halten, bis wir das Gute in der jeweiligen Situation erkennen. Darum ist es für den Betroffenen so wichtig, seine Aufmerksamkeit auf Bibelstellen wie Römer 8,28 und Jakobus 1,2–4 zu richten. Diese Verse erinnern uns daran, dass es immer einen Grund gibt, die positive Seite einer Sache zu sehen. Denn diese Erfahrungen werden aus uns bessere, echtere Menschen machen.

Schließlich sollen wir unsere Gedanken an dem orientieren, was „gerecht" ist. Nochmals: Das ist sehr schwer für Ausgebrannte, denn sie handeln eher aus dem Gefühl heraus als nach dem, was „recht" ist. Sie haben nämlich in den meisten Situationen den Bezug zur Wirklichkeit verloren. Aber was wahrhaftig, gut und gerecht ist, fördert immer eine positive Einstellung.

„Was anständig, liebenswert und schön ist"

Ausgebrannte haben nicht nur den Glauben an sich selbst verloren, sondern auch an andere. Sie fühlen sich von ihren Freunden im Stich gelassen und haben sich deshalb vor den Menschen zurückgezogen. Oft hegen sie einen tiefen Groll gegen andere und neigen dazu, andere für ihre Schwierigkeiten verantwortlich zu machen, weil ihre jüngsten Erfahrungen mit Menschen häufig negativ waren. Aber negative Gedanken nähren negative Einstellungen, und je mehr wir uns darauf konzentrieren, dass uns andere in Zeiten der Not unrecht getan oder im Stich gelassen haben, desto stärker werden unsere negativen Einstellungen.

Deshalb schreibt Paulus in Philipper 4,8: Wir sollen „darüber nachdenken, wo immer wir etwas Gutes entdecken, das Lob verdient." Wenn wir auf das Gute in anderen Menschen sehen, gewinnen wir den Glauben an uns selbst und an sie zurück. Ein solcher Glaube ist zum Wiedergewinnen einer starken, positiven Einstellung sehr wichtig.

Die Quelle einer positiven Einstellung: Gott

Erfolgsmenschen haben einen starken Glauben an ihre Fähigkeit, Schwierigkeiten zu überwinden, Termine einzuhalten und Ziele zu erreichen. Aber gerade diese Haltung war es, die zu ihrem Ausbrennen beigetragen hat. Es ist beim Wiederaufbau einer positiven Einstellung wichtig, einen Rückfall in das alte Verhaltensmuster und in die alten Gewohnheiten zu vermeiden, die zum Ausbrennen geführt haben. Während der Genesung vom Burnout muss Gott die Quelle unserer positiven Einstellung werden, nicht wir selbst und unsere eigenen Fähigkeiten. Wir müssen lernen, Gott durch uns wirken zu lassen, statt immer zu meinen, wir müssten etwas für ihn tun. Wir müssen auf die Kraft aus Gottes Hilfsquellen bauen und nicht auf unsere eigene.

Die Quelle unserer positiven Einstellung ist für uns Christen das Kraftpotenzial, damit Gott seine Pläne durch uns verwirklichen kann. Wir lernen, mit Paulus in Philipper 4,13 zu sagen: „Denn alles ist mir möglich durch Christus, der mir die Kraft gibt, die ich brauche." Vor dem Ausbrennen war der Betroffene eher versucht zu sagen: „Ich schaffe alles, und wenn es mich umbringt!"

Beachten Sie, was Gott uns Christen verspricht: „Durch die mächtige Kraft, die in uns wirkt, kann Gott unendlich viel mehr tun, als wir je bitten oder auch nur hoffen würden" (Epheser 3,20). Das ist geradezu fantastisch! Haben Sie mitbekommen, wie viel Kraft Gott für seine Kinder bereitstellt? Das sollte doch wahrhaftig bei jedem von uns positive Gedanken auslösen.

Gott stellt uns unbegrenzte Kraft zur Verfügung! Es ist an uns, ihm die Gelegenheit zu geben, sie durch uns auch einzusetzen. Für Erfolgsmenschen mag das schwer anzunehmen sein, aber Gott braucht unsere dürftige Kraft nicht, um seine Pläne zu verwirklichen. Alles, was er braucht, ist, dass wir ihn seine Macht durch uns demonstrieren lassen.

Ich weiß nichts über Sie, aber meine Probleme haben plötzlich ganz klein ausgesehen, als mir bewusst wurde, wie viel Kraft Gott zu ihrer Lösung hat. Und das ist ein Grund für positives Denken! Wenn ich mir bewusst mache, dass ich „alles vermag in dem, der mich stark gemacht hat" (Philipper 4,13), habe ich einen guten Grund, positiv zu denken.

Eine neue Aufgabe

Wir können ewig nur über Gottes Kraft philosophieren, die uns zur Verfügung steht, und über die positive Einstellung, die sie fördert, wenn wir sie nicht auf einen ganz bestimmten Brennpunkt richten. Dieser Brennpunkt sollte die Neufindung eines Lebenssinns sein.

Vor dem Burnout hatte Gott einen Plan für uns (Jeremia 29,11), und er hat auch für unser Leben nach dem Ausbrennen einen.

Aber solange wir uns dem negativen Denken hingeben, wird es für uns sehr schwer sein, wieder eine sinnvolle Lebensaufgabe zu finden, die Gottes Plänen auch nur annähernd genug Raum gibt.

Satan ist sich dieser Tatsache sehr wohl bewusst, und er versucht, uns in den Ketten des negativen Denkens zu halten. Vergessen Sie also nicht, dass Sie ihm geradewegs in die Hände spielen und Gottes großartigen Plan für Ihr Leben hinauszögern, wenn Sie sich von negativen Einstellungen beherrschen lassen.

Während Sie sich entscheiden, von jetzt an über jede neue Aufgabe im Leben positiv zu denken, lesen Sie immer wieder Jeremia 29,11: „Denn ich weiß genau, welche Pläne ich für euch gefasst habe, spricht der Herr. Mein Plan ist, euch Heil zu geben und kein Leid. Ich gebe euch Zukunft und Hoffnung."

Gott bezeugt ganz klar seinen Wunsch, es uns gut gehen zu lassen. Er möchte nicht, dass uns Böses widerfährt. Er hält eine ausgesprochen positive Zukunft für uns bereit, wenn wir seinem Auftrag, seinem Plan für unser Leben folgen wollen.

Auch wenn Gott für jeden einen ganz individuellen Plan und eine spezielle Aufgabe hat, passt doch alles immer in seinen Gesamtplan für die Welt.

Jesus Christus sagte: „Kommt mit und folgt mir nach. Ich will euch zeigen, wie man Menschen fischt!" (Matthäus 4,19). Wenn wir Jesus folgen, werden wir nach den Seelen von Menschen fischen. Außerdem sagt er uns: „Ein Dieb will rauben, morden und zerstören. Ich aber bin gekommen, um ihnen das Leben in ganzer Fülle zu schenken" (Johannes 10,10).

Weil Gottes Liebe den Menschen gilt, ist es auch unser Anliegen als Christen, Menschen für Gott zu gewinnen, damit sie dieses „in ganzer Fülle" haben.

Genau so, wie Jesus vor 2.000 Jahren einen ungebildeten Fischer ausgewählt und dazu gebraucht hat, ein Führer der frühen Kirche zu werden (Johannes 21,15–17), so möchte er heute Sie und mich einsetzen, um Großes für ihn zu bewirken.

Eine positive Einstellung erhalten

Haben wir erst einmal unsere positive Einstellung wiedergewonnen, müssen wir sicherstellen, dass wir sie gut pflegen. Dazu müssen wir wissen, wie unser Verstand funktioniert. Wissenschaftler erklären, dass er in zwei Teile geteilt ist: in einen bewussten und einen unbewussten. Die Seele ist schon oft mit einem Eisberg verglichen worden. Der Hauptteil eines Eisbergs liegt unsichtbar unter der Wasseroberfläche, und nur 10 Prozent seiner Masse sind sichtbar. Ebenso glaubt man, dass das Bewusste nur etwa 10 Prozent des ganzen Verstandes ausmacht, die restlichen 90 Prozent sind unbewusst.

Das Unbewusste ist wie ein riesiger Computer. Es speichert und ordnet positive wie negative Erfahrungen und kann auf Anforderung diese Informationen ans Bewusstsein senden. Man nimmt an, dass jeder Gedanke, jedes Gefühl, jede Lebenserfahrung fein säuberlich im Unterbewusstsein abgespeichert wird und oft unsere bewussten Gedanken, Handlungen und Reaktionen beeinflusst, ohne dass wir das merken.

Deshalb ist es wichtig, auf das zu achten, was in unsere Seele hineingeht. Denn daraus wird eine Datenbank, der unser Bewusstsein seine Informationen für Entscheidungen entnimmt. Wenn wir unser Gehirn andauernd mit negativen Gedanken füttern, werden wir auch dazu neigen, negative Entscheidungen zu treffen.

Aus diesem Grund empfiehlt uns die Bibel, unsere Gedanken lieber an positiven als an negativen Dingen „festzumachen". Wenn wir nämlich unseren Geist mit positiven Gedanken füllen, werden wir in die Lage versetzt, positive Gedanken hervorzubringen und beizubehalten und demzufolge positive Entscheidungen zu treffen und positive Erfahrungen zu machen.

Die ideale Möglichkeit, eine positive Einstellung zu gewinnen und zu erhalten, ist, unser Gehirn mit Gottes Wort zu füllen. Beachten Sie, was der Herr zu Josua über sein Wort gesagt hat: „Die Worte des Gesetzes sollen immer in deinem Mund sein. Denke Tag und Nacht über das Gesetz nach, damit du allem, was darin geschrieben steht, Folge leisten kannst, denn nur dann wirst du erfolgreich sein" (Josua 1,8).

Dieser Vers nennt uns das Rezept, wie wir zu positiven, lohnenden Erfahrungen kommen: Wir sollen unsere Seele mit Gottes Wort füllen und dann sicherstellen, dass wir über das, was Gott sagt, täglich nachdenken. Paulus charakterisiert Gottes Wort so: „Die ganze Schrift ist von Gottes Geist eingegeben und kann uns lehren, was wahr ist, und uns erkennen lassen, wo Schuld in unserem Leben ist. Sie weist uns zurecht und erzieht uns dazu, Gottes Willen zu tun. Durch die Schrift bereitet Gott uns umfassend vor und rüstet uns aus für alles, was wir nach seinem Willen tun sollen" (2. Timotheus 3,16–17). Gottes Wort bereitet uns auf die besten Erfahrungen im Leben vor. Deshalb müssen Sie und ich Gottes Wort in den Mittelpunkt rücken, unseren Verstand damit füllen und täglich darüber nachdenken; denn es verhilft uns dazu, die richtige Einstellung zu allen Dingen zu gewinnen und zu bewahren, die für ein wirklich positives, lohnendes Leben nötig ist.

Ich weiß keinen besseren Weg zum Wiederaufbau einer positiven geistigen Haltung, als meinen Geist mit Gottes Wort zu füllen, täglich darüber nachzudenken, seine Verheißungen in Anspruch zu nehmen und dann in seinem Sinne zu handeln. Die Bibel ist der beste Ratgeber für randvollen Lebensgenuss, der jemals geschrieben worden ist. Sie weist uns nicht nur den Weg zum ewigen Leben – sie gibt uns auch das Rezept, wie wir ab sofort hier ein Leben „in ganzer Fülle" haben können.

Ihre Seiten sind voller Richtlinien und Grundsätze für ein positives Leben. Sie zeigt uns, wie wir negative Erfahrungen vermeiden können. Sie lehrt, wie wir es Gott ermöglichen können, seine Kraft in und durch uns zur Wirkung zu bringen, eine Kraft, durch die er „weit mehr zu tun vermag, als wir bitten oder verstehen" (Epheser 3,20).

Ich möchte Sie gern dazu ermutigen, Gottes Wort täglich zu studieren und anzuwenden. Dann werden Sie nicht nur die Kraft des positiven Denkens entdecken, sondern die *wahre* Kraftquelle für ein positives Leben!

11 Ausbrennen vermeiden

Kürzlich sprach ich mit 30 Ehepaaren aus verschiedenen Missionsgebieten über Burnout. Sie waren zwischen Ende 20 und Anfang 60 und alle auf Heimaturlaub. Neun verschiedene Missionsgesellschaften waren auf diesem eintägigen Seminar vertreten.

In der Mittagspause saß ich mit drei Paaren am Tisch und war bald über den Alltag eines Missionars auf Heimaturlaub im Bilde. Eines der Paare hatte fast 30 Jahre im Ausland verbracht. „Dies ist unser siebter Heimaturlaub", sagten sie, als sie sich den anderen Paaren vorstellten. Sie waren seit sieben Monaten zurück in den Vereinigten Staaten, reisten zu den verschiedenen Leuten und Gruppen, die sie unterstützten, und sprachen vor großem und kleinem Publikum darüber, wie das Leben als Missionar in Indonesien ist.

Als die Paare näher miteinander bekannt wurden, begannen sie, ihre Eindrücke und Erfahrungen aus ihren Missionsgebieten und aus der Zeit ihres jetzigen Aufenthalts in Amerika zu vergleichen. Alle drei Paare hatten eins gemeinsam – sie waren erschöpft von dem ewigen Herumreisen, den Versammlungen, den Vortragsverpflichtungen, vom Schlafen in fremden Betten, vom Ein- und Ausladen des Gepäcks und von dem Versuch, sich

wieder dem hektischen Lebensrhythmus in den Vereinigten Staaten anzupassen.

Eine der Frauen sprach aus, was wohl die ganze Gruppe empfand: „Wir verbringen vier Jahre in Übersee, völlig
eingespannt in den Dienst der Mission, dann kommen wir
für ein Jahr zurück in die Staaten und verbringen die ganze Zeit mit Reisen von Ort zu Ort, von Gruppe zu Gruppe,
und versuchen zu erklären, was wir seit dem letzten Mal
getan haben. Wenn die Zeit der Rückkehr gekommen ist,
sind wir erschöpfter als bei der Ankunft."

Eine andere bemerkte: „Sie sagen, wir sollen uns Zeit
zum Ausruhen nehmen, während wir hier sind, aber es
gibt so viel zu tun in der kurzen Zeit, und man fühlt sich
sogar schuldig, wenn man sich einmal ein Wochenende
freinimmt."

Dazwischen wandte sich einer der Missionare an mich
und entschuldigte sich: „Hoffentlich verlieren Sie nicht Ihren guten Glauben an die Missionare. Wir wollen uns
nicht beklagen. Wir lieben den Herrn und unsere Arbeit,
aber es sieht so aus, als würden wir uns dabei zu sehr verausgaben."

Wie wahr! Im Lauf des Tages fand ich heraus, dass die
meisten anwesenden Missionare den gleichen Terminkalender hatten, den ich am Mittagstisch mitbekommen hatte, und auch sie brachten den gleichen Kummer zum Ausdruck. Das Leben der meisten war aus dem Gleichgewicht.
Sie hatten wenig, wenn nicht gar keine Zeit für sich und
ihre Familien; sie genehmigten sich sehr wenig Freizeit,
selbst wenn sie auf Heimaturlaub waren; sie hatten schon
seit Jahren einen dermaßen gedrängten Terminplan, dass

sie nicht wussten, wie sie ausspannen sollten; und sie fühlten sich allein schon bei dem Gedanken schuldig, einmal in Ferien zu gehen.

Die meisten aus dieser Gruppe steuerten geradewegs auf ein Burnout zu. Denn ihr Leben war aus der Balance geraten. Es drehte sich nur um Arbeit und Dienst. Infolgedessen kamen andere Bereiche ihres Lebens, ihre Familien eingeschlossen, zu kurz.

In diesem Kapitel wollen wir nach Grundsätzen Ausschau halten, mit denen man das Ausbrennen vermeiden kann. Sie *können* das Ausbrennen vermeiden – wenn Sie diese Grundsätze beherzigen. Diese Grundsätze werden Ihr Leben ins Gleichgewicht bringen. Und ein ausbalancierter Lebensstil ist der Schlüssel, um ein Burnout zu vermeiden.

Respektieren Sie Ihre Grenzen

Einer der ersten Schritte auf dem Weg, Ihr Leben ins Gleichgewicht zu bringen, ist, dass Sie Ihre Grenzen kennen und respektieren lernen. Es mag Sie vielleicht wie ein Schock treffen, aber es gibt Grenzen dessen, was jeder von uns tun kann und wie lange, ob wir es nun zugeben wollen oder nicht.

Die meisten Missionare, denen ich bei diesem Seminar begegnete, trieben sich über ihre Grenzen hinaus, und sie zahlten dafür einen sehr hohen physischen und psychischen Preis. Christliche Leiter neigen mehr als jede andere Gruppe dazu, sich zu überfordern. Wie die Missionare am

Mittagstisch fühlen sie sich häufig schuldig, wenn sie sich einmal freinehmen oder auch nur etwas kürzertreten, um auszuspannen.

Der große Evangelist Dwight L. Moody ist das Musterbeispiel eines erfolgreichen christlichen Leiters, der sich regelmäßig über seine physischen und psychischen Grenzen hinausgetrieben hat.

Selbst als seine Ärzte versuchten, ihn zu einer langsameren Gangart zu bewegen, widersetzte er sich. Er war so engagiert, das Evangelium zu verbreiten, dass er sich schließlich selbst ins Grab brachte, weil sein Körper mit diesem rigorosen Tempo nicht leben konnte. Manche mögen es als ein Zeichen geistlicher Reife ansehen, wenn jemand sich dermaßen zum Dienst antreibt. Ich glaube jedoch, dass dies nur ein Mangel an Respekt für die eigenen Grenzen ist, und er bringt letztlich äußerst produktive Menschen dazu, ihren so erfolgreichen Dienst frühzeitig beenden zu müssen.

Selbst Jesus Christus kannte seine menschlichen Grenzen und überschritt sie ganz bewusst nicht. Beachten Sie einmal die folgenden Verse:

- „Dann stieg er allein in die Berge hinauf, um dort zu beten. Als es dunkel wurde, war er immer noch allein dort oben" (Matthäus 14,23).
- „Jesus ging zum See Genezareth zurück. Er stieg auf einen Berg und setzte sich" (Matthäus 15,29).
- „Darauf sagte Jesus: ‚Kommt, wir ziehen uns an einen einsamen Ort zurück, wo ihr euch ausruhen könnt.' Denn ständig waren so viele Menschen um sie, dass Je-

sus und seine Apostel nicht einmal Zeit fanden zu essen" (Markus 6,31).

Jesus hatte einen prallvollen Terminkalender. Er war von allen Seiten einem enormen Druck ausgesetzt. Er trug die Last der Welt auf seinen Schultern: Er wurde ununterbrochen aufgefordert, Kranke zu heilen, Hungrige zu speisen, Verletzte zu trösten und sich mit den politischen und geistlichen Führern seiner Tage auseinanderzusetzen. Aber er nahm sich regelmäßig Zeit zum Ausruhen und Alleinsein, denn er kannte seine physischen und seelischen Grenzen.

Wenn Jesus Christus die Bedeutung des Arbeitens innerhalb der eigenen physischen und psychischen Grenzen erkannt hat, sollten wir sie dann nicht auch respektieren?

Bewahren Sie Abstand zu Ihrer Arbeit

Jesus kannte nicht nur seine Grenzen – er hielt auch einen angemessenen Abstand zu seiner Arbeit. Drei Jahre lang galt Jesu Dienst den Menschen. Er gab alles, um sich der Nöte der vielen Armen, Kranken, Geschundenen anzunehmen – und doch ließ er sich nie von seiner Arbeit komplett vereinnahmen. Er war nie versucht, alle Bedürfnisse aller zu befriedigen, mit denen er in Berührung kam.

Als er von Ort zu Ort ging, predigte und Wunder vollbrachte, ließ er sich nie dazu verleiten, allen Menschen alles zu sein. In Markus 1,32–35 lesen wir, wie Jesus viele Menschen heilt und Dämonen austreibt. Am frühen Morgen verschwand er jedoch in der Dunkelheit und ging zu einem einsamen Ort, um allein zu sein und zu beten. Als ihn die Jünger fanden, hielten sie ihm vor, dass die ganze Stadt nach ihm suchte. Beachten Sie Jesu Erwiderung: „Wir müssen auch in die anderen Städte gehen, damit ich auch dort predige; denn dazu bin ich gekommen" (Vers 38).

Dieser Abschnitt zeigt uns, dass Jesus Abstand zu seiner Arbeit behielt. Er war imstande, den Nöten der Menschen den Rücken zu kehren, selbst dann, wenn sie lautes Geschrei erhoben, um seine Aufmerksamkeit zu gewinnen. Er behielt die Kontrolle über seine Arbeit – nie gewann sie die Kontrolle über ihn.

Wenn wir in unserem Leben das Gleichgewicht halten wollen, müssen wir von Jesus lernen und Abstand zu unserer Arbeit halten. Es gibt immer genug zu tun. Wie Jesus so treffend sagte: „Die Armen habt ihr allezeit unter euch" (Matthäus 26,11). Als Jesus in den Himmel zurückkehrte, um sich zur Rechten des Vaters zu setzen, ließ er die Massen zurück, die immer noch Heilung brauchten, Befreiung von Dämonen und so weiter. Trotzdem konnte Jesus zum Vater beten: „Ich habe dich verherrlicht auf Erden, indem ich das Werk vollendet habe, das du mir gegeben hast, dass ich es tun solle" (Johannes 17,4).

Jesus war nie ausgebrannt. Denn er wusste, wie wichtig es ist, das Leben im Gleichgewicht zu halten. Eine der Methoden, wie er das bewerkstelligte, war die Wahrung eines angemessenen Abstands zu seiner Arbeit. Viele christliche Leiter müssen diesen wichtigen Grundsatz leider immer noch lernen. Wie meine Missionarsfreunde an jenem Mittagstisch fühlen auch sie sich schuldig, wenn sie

ihrer so wichtigen Arbeit auch nur kurz den Rücken kehren, um auszuspannen. In gleicher Weise meinen einige
Geschäftsleute, sie könnten es sich einfach nicht leisten,
einen Tag freizunehmen. Solchen Menschen möchte ich
sagen: Es ist unmöglich, das Gleichgewicht in Ihrem Leben zu halten und dem Ausbrennen zu entgehen, wenn
Sie nicht lernen, wie Jesus Abstand zu Ihrer Arbeit zu bewahren.

Die 80/20-Regel

Die 80/20-Regel besagt, dass Sie 80 Prozent des Effekts
mit 20 Prozent Ihrer Tätigkeit erzielen und dass die restlichen 80 Prozent Ihrer Tätigkeit die restlichen 20 Prozent
des Effekts bewirken. Diese Regel gilt für alle Lebensbereiche.

Untersuchungen zeigen zum Beispiel, dass ein Geschäftsmann mit etwa 20 Prozent seiner Zeit den Haupt-
anteil des Betriebsergebnisses erbringt. Der Rest wird
vergeudet mit Routinearbeiten, die von anderen getan
werden könnten und sollten. Es ist erwiesen, dass im Ver-
trieb 20 Prozent der Verkäufer 80 Prozent des Verkaufsvo-
lumens erzielen und dass 20 Prozent der Automobilher-
steller in Amerika 80 Prozent der Autos auf den Straßen
produzieren.

Die Regel gilt genauso für Sie – 80 Prozent des Effekts
von irgendetwas, das Sie tun, werden von nur einigen
wenigen wirklich wichtigen Entscheidungen und von
wenigen Stunden bewirkt, die Sie jeden Tag produktiv

verbringen. Das bedeutet, dass täglich eine ganze Menge Zeit, Energie und Anstrengungen nur einen kleinen Prozentsatz Ihres Erfolgs bewirken. Um Ihr Leben im Gleichgewicht zu halten, müssen Sie sich also darauf konzentrieren, die zahlreichen Aktivitäten in Ihrem Tagesablauf zu reduzieren oder ganz aufzugeben, die viel von Ihrer Zeit beanspruchen, aber nur einen kleinen Teil der Resultate bringen.

Wenn Sie meinen, Sie hätten keine Zeit für Ihre Familie, dann fangen Sie einmal damit an, all das sein zu lassen, das in Wirklichkeit so wenig zu Ihrer Gesamtproduktivität beiträgt. Sie werden genug Zeit für Ihre Familie finden und die wichtigen Dinge nicht weniger gut erledigen können!

Sie meinen vielleicht, dass Sie keine Zeit haben, sich freizunehmen und auszuspannen, aber das stimmt nicht. Fangen Sie einmal damit an, ein paar der Tätigkeiten aufzugeben, die Teil jener 80 Prozent Aktivität sind, die nur 20 Prozent des Effekts bewirken. Sie werden für jeden Urlaub Zeit in Hülle und Fülle finden!

Um Ihr Leben ins Gleichgewicht zu bringen, müssen Sie sich in allen Bereichen Ihres Lebens auf die wenigen wirklich wichtigen konzentrieren. Denn allein diese bringen die meisten Resultate. Eliminieren Sie zugleich den größten Teil Ihrer Tätigkeiten und Verpflichtungen, die wenig Gutes zu Ihrem Leben beitragen. Bald werden Sie entdecken, dass Sie Zeit im Überfluss haben, um sich allen wichtigen Angelegenheiten Ihres Lebens zu widmen – und dann immer noch hoch produktiv sind.

Überprüfen Sie regelmäßig Ihre Ziele und Prioritäten

Die Welt um uns herum ist einem ständigen Wandel unterworfen, und deshalb müssen auch wir uns ständig verändern. Tatsächlich ist es unmöglich, das Leben im Gleichgewicht zu halten, wenn wir uns nicht immer wieder anpassen.

Es hat mich viel Zeit und einen schweren Fall von Ausbrennen gekostet, bis ich diesen wichtigen Grundsatz gelernt habe. Am Anfang meiner Ehe engagierte ich mich sehr für meine Karriere, um meine zukünftige Familie angemessen versorgen zu können. Ich arbeitete hart und hatte auch ganz beträchtlichen Erfolg.

Als Kinder kamen und die Familie wuchs, dachte ich nicht daran, meine Prioritäten neu zu setzen. Ich arbeitete immer noch 60 bis 70 Stunden in der Woche. Ich baute neue Firmen auf und sah mir an, wie sie sich entwickelten. Dann nahm ich wieder ein neues Projekt in Angriff – oder eine neue Firma.

Als meine Kinder heranwuchsen, machte ich mir nicht bewusst, dass ich weniger Zeit mit meinen Firmen verbringen sollte und mehr mit ihnen. Schließlich schrieb mir eines Tages meine Tochter einen Zettel, um mit mir einen Gesprächstermin zu vereinbaren.

Meine Welt hatte sich verändert, aber nicht meine Prioritäten. Ich schuftete vor mich hin, um finanzielle Sicherheit für meine Familie zu schaffen, aber die brauchte meine Zeit viel nötiger. Meine Prioritäten waren aus dem Gleichgewicht geraten, und so auch mein Leben.

Nehmen Sie sich regelmäßig (ich schlage vor, zweimal im Jahr) einen Tag frei, gehen Sie allein irgendwohin, und bewerten Sie Ihre Vorhaben und Ihre Lebensziele neu. Sehen Sie sich an, wo Sie stehen, und vergleichen Sie das damit, wo Sie sein *wollen*. Beurteilen Sie nüchtern, wie Sie Ihre Zeit in den verschiedenen Bereichen Ihres Lebens verbringen. Nehmen Sie einen Notizblock mit, und schreiben Sie jede erforderliche Veränderung Ihres Lebens oder Ihres Zeitplans auf. Verbringen Sie Zeit im Gebet. Bitten Sie Gott um Leitung. Nutzen Sie diese Zeit, um über das Leben im Allgemeinen nachzudenken, und überlegen Sie insbesondere, ob Sie Korrekturen an Ihren Prioritäten, Vorhaben und Zielen vornehmen müssen.

Vergessen Sie nicht die Notwendigkeit, Ihr Leben in der Balance zu halten. Dazu ist es unerlässlich, von Zeit zu Zeit lange genug anzuhalten, um herauszufinden, ob Sie in irgendeinem Bereich aus dem Gleichgewicht geraten sind. Solche Bewertungen können Sie nicht vornehmen, wenn Sie am Schreibtisch sitzen und dauernd ans Telefon gehen, Besprechungen führen, die Korrespondenz erledigen und all den anderen Alltagsgeschäften nachgehen.

Damit Sie von Ihrer Neubewertung etwas haben, müssen Sie Ihrer täglichen Routine den Rücken kehren. Es kostet Sie vielleicht zweimal im Jahr 100 Euro, einen Tag ins Blaue zu fahren, um Ihre Vorhaben, Ziele und Prioritäten neu einzuschätzen. Aber das ist wenig verglichen mit den enormen physischen, psychischen und geistlichen Kosten des Ausbrennens, die Sie tragen müssen, wenn Sie sich nicht genug Zeit oder Geld nehmen, eine solche Bewertung vorzunehmen. Ich weiß das – ich musste durch eine Zeit des Burnouts gehen, um zu lernen, wie wichtig solche Zwischenbilanzen sind!

Zeit zum Leben nehmen

Die meisten Powertypen versäumen es, sich die Zeit zu genießen, das Leben wirklich zu erleben. Sie sind so sehr damit beschäftigt, auf ihre Ziele loszupreschen, dass sie vergessen, sich am Unterwegssein zu freuen.

Lernen Sie, den Duft der Rosen am Weg zu genießen, wenn Sie Ihr Leben im Gleichgewicht halten wollen. Ich zum Beispiel war vor dem Ausbrennen bei allem, was ich tat, immer nur auf Ziele fixiert. Einmal habe ich meine Familie auf eine Reise mitgenommen. Wir fuhren in 10 Tagen 4.000 Meilen. Sobald das Auto aus der Garage war, dachte ich nur noch an die Rückkehr.

Wir fuhren durch einige der schönsten Landschaften Amerikas, aber meine Familie konnte es nicht genießen. Als wir durch den *Yellowstone-Nationalpark* fuhren, war ich dermaßen darauf bedacht, weiterzukommen, dass wir nicht einmal so lange blieben, bis der berühmte *Old Faithful*-Geysir ausbrach. Denn wir hätten dafür eine halbe Stunde auf diese Eruption aus heißem Wasser, Dampf und Gas warten müssen. Das hielt ich für Zeitverschwendung.

Deshalb bin ich letztes Jahr noch einmal zum *Yellowstone Park* zurückgegangen und habe dort im Park drei Tage verbracht. Ich habe *Old Faithful* mehrmals ausbrechen sehen und bin auf so vielen Wanderwegen gewandert, wie ich wollte. Ich habe zwei Stunden damit verbracht, Backenhörnchen dabei zu fotografieren, wie sie im Wald spielten und Nüsse sammelten. Ich sah mir Gegenden des Parks an, die ich nie zuvor gesehen hatte. Ich nahm mir Zeit, „die Rosen am Weg zu beschnuppern" und das Leben zu spüren. Ich lag auf dem Rücken im Gras und sah den herrlichen weißen Wölkchen zu, wie sie ihre Gestalt veränderten – am schönsten, atemberaubend blauen Himmel, den Sie sich vorstellen können. Es tut mir nur leid, dass ich erst die Erfahrung des Ausbrennens machen musste, damit ich endlich lernte, das Leben zu genießen!

Wie lange ist es her, dass Sie sich einen Tag freigenommen haben, um im Garten zu werkeln? Dass Sie im Wald gewandert sind? Oder ein Eis in der Eisdiele gegessen haben? Dass Sie weggegangen sind, ohne eine Nachricht zu hinterlassen, wo Sie zu erreichen sind? Oder dass Sie Ihre Frau zu einem Wochenende in ein schönes Hotel entführt haben, ein schönes Essen für zwei bestellt und ihr gesagt haben, wie wichtig sie für Sie ist?

Wenn Sie Ihr Leben im Gleichgewicht halten und es vermeiden wollen auszubrennen, dann lernen Sie, sich Zeit zu nehmen, um das Leben zu erfahren! Manchmal überfällt es den Erfolgreichen wie ein Schock: Es gibt tatsächlich mehr im Leben als nur Termine und Ziele.

Sinnvolle Freizeitgestaltung

Viele Erfolgreiche wissen nicht, wie man spielt. Sie wissen normalerweise, wie man arbeitet, und sie verbringen häufig eine ganze Menge Zeit damit, am Erreichen von Zielen zu arbeiten – und es gefällt ihnen.

In der Kaffeepause auf einem Seminar kam ein Paar auf mich zu. Sie stritten sich über das Interesse des Ehemanns an seiner Arbeit. „Ich werde niemals ausbrennen", behauptete er, „denn meine Arbeit gefällt mir."

Seine Frau hielt dagegen, dass er nichts anderes tat, als zu arbeiten, und dass sein Leben total aus dem Gleichgewicht geraten war. In Erwartung meiner Zustimmung wandte er sich an mich: „Es ist doch nichts Falsches daran, eine Menge Zeit im Büro zu verbringen, wenn einem die Arbeit wirklich Spaß macht, oder?"

Die meisten Erfolgreichen arbeiten *gern*. Sie sind im Allgemeinen ausgesprochen begeistert von dem, was sie tun. Häufig ist es gerade ihre Begeisterung, die sie dazu bringt, ihre ganze psychische und physische Energie zu verausgaben und dann im Burnout zu enden.

Leider wissen sehr wenige Macher, wie man genauso kreativ und begeistert sein kann, wenn es ums Ausspannen geht. Um unser Leben im Gleichgewicht zu halten, müssen wir lernen, genauso intensiv zu spielen, wie wir arbeiten.

Für den Erfolgreichen ist Freizeit sehr wichtig. Er ist gewöhnlich energiegeladen und in hohem Maß wettbewerbsorientiert. Daher sollte er sich auch Hobbys zulegen und seine Sport- und anderen Freizeitbetätigungen so wählen, dass sie nicht nur Spaß machen, sondern auch seinen Ehrgeiz herausfordern. Ganz gleich, wie alt Sie sind oder welche physische Kondition Sie haben – es gibt viele Hobbys und sportliche Aktivitäten, die Ihnen zu einer sinnvollen Freizeit verhelfen werden. Es kommt einzig und allein darauf an, dass Sie es *tun*!

Geben Sie Ihrer Beziehung zu Gott absoluten Vorrang

Ohne eine persönliche Beziehung zu Jesus Christus ist es unmöglich, ein ausbalanciertes Leben zu führen. Wir sind geistliche Wesen; wenn wir Gott aus unserem Leben ausklammern, muss es aus dem Gleichgewicht geraten.

Dieses Buch wird vielleicht auch von ein paar „Berufschristen" gelesen, abgesehen von den anderen, „nicht professionellen" Christen.

Aus diesem Grund möchte ich zwischen „religiöser Aktivität" und einer persönlichen Beziehung zu Jesus Christus klar unterscheiden. Viele Christen sind derart in „religiöse Aktivitäten" verwickelt, dass ihre persönliche Beziehung zu Jesus darunter leidet. Es ist durchaus möglich, jeden Tag in verschiedenste christliche Aktivitäten verstrickt und dabei so geschäftig zu sein, dass für Jesus selbst keine Zeit mehr bleibt.

Man kann bei religiöser Arbeit genauso ausbrennen wie im Geschäftsleben oder in irgendeinem anderen Beruf. Tatsächlich belegen Untersuchungen, dass religiöse Leiter zu den Anfälligsten gehören. Wenn ich sage, dass

Sie Ihre Beziehung zu Gott zu Ihrer höchsten Priorität machen sollen, dann meine ich damit nicht, dass Sie Ihren Terminplan mit mehr religiösen Aktivitäten füllen sollen. Ich meine vielmehr, dass es Ihre höchste Priorität werden muss, Gott auf persönlicher Ebene kennenzulernen und *ihn* seinen Plan durch Sie verwirklichen zu lassen – statt das selbst besorgen zu wollen.

Samuel Stockton war über 25 Jahre lang Pastor einer Kirche in Neuengland, als ich ihn auf einem Seminar über das Ausbrennen traf. Nach Seminarschluss saßen wir in der Hotelhalle, und Pastor Stockton schüttete mir sein Herz über seine Frustration über sich selbst und seinen Dienst aus.

„Je größer meine Gemeinde wird, desto mehr habe ich zu tun", sagte er mir. Die Gemeinde war in den letzten fünf Jahren von 100 Besuchern in einem Sonntagmorgengottesdienst auf über 1.000 in zwei Gottesdiensten gewachsen.

„Ich möchte gern glauben, dass ein Grund, warum sie kommen, meine guten Predigten sind", sagte er. „Aber in letzter Zeit werden sie betrogen. Ich bin dermaßen mit Arbeit eingedeckt, dass ich kaum Zeit finde, meine Predigten vorzubereiten. Und so ungern ich es auch zugebe, es gibt Wochen, in denen ich nicht einmal zum Beten komme, ausgenommen ein schnelles Tischgebet."

Der Unterschied zwischen Pastor Stockton und einer Menge anderer christlicher Leiter ist, dass er bereitwillig zugab, dass er nicht genug Zeit mit Gott verbrachte. Wenn wir mehr Zeit mit Gott verbringen würden, dann hätten wir auch mehr Zeit für uns selbst.

Gott möchte, dass unser Leben ausbalanciert ist. Jesus war nie zu beschäftigt, um sich Zeit fürs Gebet zu nehmen. In Lukas 5,15–16 sehen wir, wie ernst Jesus seine Beziehung mit seinem Vater nahm: „Aber die Kunde von ihm breitete sich desto mehr aus; und große Mengen kamen zusammen, um ihn zu hören und von ihren Krankheiten geheilt zu werden. Er aber hielt sich zurückgezogen an einsamen Orten und betete."

Je mehr Jesus zu tun hatte, desto mehr Zeit verbrachte er mit Gott. Beachten Sie, dass die Bibel sagt, dass er an einsame Orte ging. Er hätte ja auch noch schnell vor dem Einschlafen in seinem Bett beten können. Er hätte zum Beten in die Synagoge gehen können. Aber er ging an einsame Orte; dort konnte er sowohl ausspannen als auch Zeit mit seinem Vater verbringen.

Unglücklicherweise reagieren viele christliche Leiter genau entgegengesetzt. Wie Samuel Stockton verbringen sie umso weniger Zeit mit Gott, je mehr ihre Organisationen wachsen und je mehr sie zu tun haben. Eine Folge davon ist, dass sie die ganze Arbeit mit ihrer eigenen Kraft bewältigen wollen, statt Gott sie durch sie bewältigen zu lassen.

Religiöser Aktivismus ist nicht das Gleiche wie geistliche Reife. Der geistlich Reife stellt sicher, dass jeden Tag Zeit für das Zusammensein mit Gott da ist – denn sie bringt ihm Hilfe, Kraft und Leitung. Wird das versäumt, so ist eine Art geistliche Mangelernährung die Folge, und die wird letzten Endes physische und psychische Erschöpfung bewirken. Wir dürfen nie vergessen, dass es eines Gleichgewichts geistlicher, physischer und psychischer Kraft be-

darf, wenn wir für Gott etwas erreichen wollen. Wir können uns nicht fortwährend verausgaben, ohne wieder auf-
zutanken, sonst werden wir ausbrennen.

12 Das Gute am Ausbrennen

Ich hatte Angst vor dieser Begegnung. Als ich über den Parkplatz auf das Restaurant zuging, dachte ich: „Ich werde ihm sagen, dass ich mich nie wieder mit ihm treffen werde!"

Wieder traf ich mich mit Jan Ander, der mir half, das Burnout zu überwinden. Wir hatten ausgemacht, dass ich ein paar konkrete Ziele umsetze, und nun hatte ich das schon zwei Wochen hintereinander verbummelt. Außerdem kam ich zu diesem Treffen zu spät. Ich hatte gehofft, er sei des Wartens müde geworden, aber als ich seinen leuchtend roten Cadillac auf dem Parkplatz stehen sah, wusste ich, dass er noch da war.

Nachdem ich eine Tasse Kaffee und Kuchen bestellt hatte, fing ich an, wieder eine fadenscheinige Entschuldigung dafür hervorzukramen, warum ich nichts getan hatte. Da unterbrach Jim mich: „Myron, hast du schon einmal an all die Segnungen gedacht, die du dadurch bekommen hast, dass du das Ausbrennen durchmachst?"

Ich glaubte, ich hätte mich verhört! Das sollte wohl ein Scherz sein! Aber dann merkte ich, dass er es ernst meinte, und ich wurde böse. Hier saß ich und hatte nicht einmal genug Kraft, um einen einfachen Schritt umzusetzen. Ich hatte das Gefühl, dass das Leben in Wirklichkeit nicht der Mühe wert sei, morgens aus dem Bett zu steigen – und da stellte mir mein Freund eine dermaßen dämliche Frage!

Ich saß sprachlos da. Ich konnte mir keine unsinnigere Frage vorstellen! Am liebsten wäre ich aufgestanden und hinausgegangen, aber ich tat es nicht, weil ich ihn nicht verletzen wollte.

Jim bemerkte den verwirrten und frustrierten Ausdruck in meinem Gesicht. Er lächelte. „Myron, der Weg durch das Ausbrennen bringt großen Gewinn. Du hast eine Gelegenheit, die sich vielen Menschen nie bietet.“

Die nächste halbe Stunde saß ich da und hörte Jim zu, welche Vorteile und Segnungen mit dem Ausbrennen verbunden waren. Obwohl ich Jim damals noch nicht glauben konnte, kann ich rückblickend klar sagen, dass sich alles, was er mir an jenem Tag sagte, als absolut wahr herausstellte. Ich kann aus Erfahrung sagen, dass der Gang durch das Ausbrennen viel Gewinn bringt!

Ich möchte Ihnen gern weitergeben, was Jim mir an jenem Tag im Restaurant gesagt und was sich später für mich als wahr erwiesen hat. Wenn Sie gerade in einem Burnout stecken oder jemanden kennen, der es durchmacht, dann fassen Sie Mut: *Es liegen viele wunderbare Segnungen im Ausbrennen!*

Wie wichtig es ist, Gott zu danken

An diesem Tag im Restaurant lernte ich, dass ich nie imstande sein würde, Gewinn aus dem Ausbrennen zu ziehen, solange ich mich selbst bemitleidete und eine negative Einstellung hatte. Jim erinnerte mich an Römer 8,28: „Und wir wissen, dass für die, die Gott lieben und nach seinem Willen zu ihm gehören, alles zum Guten führt." Er wies mich auch auf Jakobus 1,2–4 hin: „Liebe Brüder, wenn in schwierigen Situationen euer Glaube geprüft wird, dann freut euch darüber. Denn wenn ihr euch darin bewährt, wächst eure Geduld. Und durch die Geduld werdet ihr bis zum Ende durchhalten, denn dann wird euer Glaube zur vollen Reife gelangen und vollkommen sein und nichts wird euch fehlen."

An dem Tag entschloss ich mich, Gott für das Ausbrennen zu danken, auch wenn meine Gefühle dem völlig widersprachen. Ich wollte eine positive Haltung zu der Situation einzunehmen. Denn nach Jakobus 1,2–4 gebraucht Gott Schwierigkeiten und schlechte Zeiten in unserem Leben dazu, uns geistlich weiterzuentwickeln.

Obwohl ich an diesem Punkt nicht viel Glauben an mich hatte, wollte ich Gott glauben. Denn ich hatte aus Erfahrung gelernt, dass Gottes Wort immer wahr ist. Bald sollte ich entdecken, dass es sich auch hier bewahrheitete und es tatsächlich durch das Ausbrennen viel Gutes zu gewinnen gab. Allerdings konnte ich die positive Seite nicht erkennen, solange ich nicht an Römer 8,28 und Jakobus 1,2–4 glaubte und aufhörte, auf das Negative zu sehen.

Der erste Schritt zur Entdeckung des Guten an Ihrem Burnout ist nicht leicht, aber wichtig: Hören Sie auf, sich zu bemitleiden und alles negativ zu sehen. Dann lassen Sie Römer 8,28 und Jakobus 1,2–4 in Ihrem Leben Raum gewinnen.

Gottes Ziel erreichen

Gott beruft uns nicht zum Ausbrennen. Er beruft uns immer dazu, ihm durch einen einzigartigen, für uns maßgeschneiderten Plan Ehre zu bringen.

Wir tun uns das Ausbrennen selbst an, weil wir nie gelernt haben, unser Leben auszubalancieren, und weil wir in die Falle tappen, zu viel aus uns selbst heraus zu tun, statt Gott seine Pläne durch uns realisieren zu lassen, indem wir seine Kraft und Ressourcen nutzen.

In Psalm 50,15 sagt Gott: „Rufe mich an in der Not, so will ich dich erretten, und du sollst mich ehren." Gott hat nie die Absicht, dass wir alles selbst schaffen sollen. Er möchte, dass wir ihn an unserer Stelle wirken lassen, sodass wir ihm statt uns Ehre und Dank geben können.

Das Ausbrennen gibt uns reichlich Gelegenheit, diese Lektion zu lernen – und damit anzufangen, endlich Gottes Vorhaben für unser Leben zu erkennen statt unsere eigenen. Ein Burnout ist das Ergebnis einer Entgleisung; es wirft uns aus der Bahn. Wir alle sollten dankbar für die Gelegenheit sein, wieder aufs rechte Gleis zu kommen, unser Leben wieder ins Gleichgewicht zu bringen und Gottes Willen für unser Leben zu erkennen.

Das Leben neu bewerten

Wie der Verfasser des Buches Prediger werden Erfolgsmenschen bevorzugt dabei ertappt, wie sie Dinge anstreben, die in Wirklichkeit nicht zur Erfüllung führen. Leider braucht es manchmal eine Erfahrung wie das Ausbrennen, bis wir innehalten und uns bewusst machen, dass wir unsere physische und psychische Energie an Dinge verschwenden, die nicht wirklich das bringen, was wir erwartet haben.

Ich war so beschäftigt damit, meine Ziele im Leben zu erreichen, dass ich mir keine Zeit dafür nahm innezuhalten. Ich wollte mir keine Gedanken darüber machen, ob diese Ziele meine Bedürfnisse wirklich befriedigten oder überhaupt das waren, was Gott für mich geplant hatte.

Gott benutzte die Erfahrung des Ausbrennens, um meine Aufmerksamkeit zu bekommen, sodass ich bereit wurde, innezuhalten und mein Leben neu zu bewerten. Wäre ich nicht durch das Burnout gegangen, würde ich immer noch stur geradeaus gehen, mich weiterhin verausgaben und von Ziel zu Ziel rennen, aber immer noch ohne ein gesundes Gleichgewicht.

Deshalb kann ich Gott heute wahrhaftig für das Ausbrennen danken. Es hat mir Gelegenheit gegeben zu überdenken, was in meinem Leben wirklich passierte – eine Gelegenheit, die vielen Erfolgreichen fehlt.

Ein neuer Anfang

Viele Menschen gehen durch ihr ganzes Leben und sehen nie die Chance eines Neuanfangs. Es ist etwas Faszinierendes, zu einem ganz neuen Anfang im Leben befähigt zu werden, ausgestattet mit den nötigen Mitteln, das Leben im Gleichgewicht zu halten.

Während des Burnouts können wir eine ganze Menge über uns lernen. Wir entdecken unsere Grenzen und die Notwendigkeit, uns auch mal selbst zu bremsen. Wir lernen, kürzerzutreten und jeden Tag das Leben neu zu genießen. Wir lernen, Gott wieder auf den Fahrersitz unseres Lebens zu lassen. Und wenn wir aus dem Burnout herauskommen, haben wir die herrliche Gelegenheit, all diese neu entdeckten Grundsätze in der Praxis anzuwenden!

Höhere Produktivität

Wenn unser Leben aus dem Gleichgewicht gerät, sind wir vielleicht in einem Lebensbereich hoch produktiv, aber in anderen sehr unproduktiv. Wenn wir vom Ausbrennen wirklich ganzheitlich genesen, lernen wir, zu einem Gleichgewicht im Leben zu finden. Danach sollten wir deshalb auch in unserer Produktivität viel ausgewogener sein.

Das ist eine sehr lohnende Erfahrung. Sie erweitert unseren Horizont und verhilft uns dazu, reifere Menschen zu werden – und genau das verspricht Jakobus 1,2–4. Lassen

Sie uns doch noch einmal einen Blick auf diese Passage werfen:

„Liebe Brüder! Ihr braucht nicht zu verzweifeln, wenn euer Glaube immer wieder hart auf die Probe gestellt wird. Im Gegenteil: Freut euch darüber! Denn durch solche Bewährungsproben wird euer Glaube fest und unerschütterlich. Bis zuletzt sollt ihr so unerschütterlich festbleiben, damit ihr in jeder Beziehung zur vollen geistlichen Reife gelangt und niemand euch etwas vorwerfen kann oder etwas an euch zu bemängeln hat" (Hoffnung für alle).

Was für ein großartiger Text für ein Burnout-Opfer! Ich kann mich wirklich mit seiner Aussage identifizieren. Jemand, der durch die Schwierigkeiten und Anfechtungen des Ausbrennens geht, kann enorm viel daraus lernen. Sie können aus dieser Erfahrung als eine erfülltere und reifere Person hervorgehen, mit einem Leben, das ins Gleichgewicht gekommen ist!

Eine neue Grundlage für ein gesundes Selbstbild

Viele Erfolgreiche beziehen ihr Selbstbild und ihre Selbstachtung aus dem, was sie erreicht haben. Das ist tragisch, denn ihr Selbstbild leidet, sobald ihre Produktivität nachlässt.

Wer sein Selbstbild auf seine Erfolge gründet, hat es sehr schwer, jemals die Bedeutung des Begriffs „Gnade" wirklich zu erfassen, wie ihn die Bibel lehrt. Gott liebt uns nicht wegen dem, was wir tun, er liebt uns vielmehr *trotz allem*, was wir tun. Das Ausbrennen gibt uns Gelegenheit, diese so wichtige Lektion zu lernen. Wir haben dann endlich die Möglichkeit zu entdecken, dass unser Wert für Gott nichts mit Leistung zu tun hat. Wenn wir das begreifen, können wir ein gesundes Selbstbild aufbauen, das unabhängig ist von unserem Produktivitätsniveau.

Ich kann aus Erfahrung sagen: Es ist eine große Erleichterung zu wissen, dass Gottes Sicht von uns nichts mit unserer Fähigkeit, etwas zu vollbringen, zu tun hat. Ich danke Gott heute ehrlich für mein Burnout, weil ich diese wichtige Einsicht sonst vielleicht nie gewonnen hätte.

Gottes Liebe schätzen

Gott gibt ein Opfer des Ausbrennens niemals auf, auch wenn wir Menschen in einer solchen Situation oft bereit sind, alles hinzuwerfen. Ich muss bekennen, dass ich erst wirklich begriffen habe, wie sehr Gott mich liebt, als ich durch das Ausbrennen ging. Ich entdeckte, dass Gott mich sogar liebt, wenn ich in den Augen anderer Menschen überhaupt nicht liebenswert bin.

Außerdem habe ich entdeckt, dass Gott einen selbst dann nicht im Stich lässt, wenn einen alle Freunde und selbst die Familie aufgeben. Er war immer da. Auch als ich so böse auf ihn war, dass ich meine Bibel an die Wand warf, war Gott da – bereit, mir zu helfen und mich zu trösten, sobald ich ihn nur ließ.

Ich glaube, eine der größten Segnungen, die ich aus der Burnout-Zeit gewonnen habe, ist die Tatsache, dass ich die wirkliche Bedeutung von Gottes Liebe kennengelernt habe. Sie ist bedingungslos. Sie ändert sich nicht, ganz egal, was wir tun. Ich wusste das in der Theorie, bevor ich ausbrannte. Aber ich habe es aus Erfahrung gelernt, als ich durch das Ausbrennen ging.

Das Ausbrennen hat meine Beziehung zu Gott enorm vertieft. Heute betrachte ich ihn wirklich als meinen himmlischen Vater. Es ist mir einfach bewusst, wie sehr ich ihn brauche und wie wenig er das braucht, was ich ihm anbieten kann – aber er liebt mich trotzdem!

Anderen helfen

Eine weitere großartige Segnung des Burnouts ist, dass Sie jetzt in der Lage sind, anderen in der gleichen Situation oder in anderen Schwierigkeiten zu helfen. Beachten Sie, was Paulus in 2. Korinther 1,3–4 schreibt:

„Gepriesen sei Gott, der Vater von Jesus Christus, unserem Herrn. Er ist der Ursprung aller Barmherzigkeit und der Gott, der uns tröstet. In allen Schwierigkeiten tröstet er uns, damit wir andere trösten können. Wenn andere Menschen in Schwierigkeiten geraten, können wir ihnen den gleichen Trost spenden, wie Gott ihn uns geschenkt hat."

Gott hilft uns in den schweren Zeiten unseres Lebens, daher können wir andere trösten, indem wir ihnen versichern, dass er auch ihnen helfen wird. Dies ist ein großer Segen des Ausbrennens. Während der vergangenen zwei Jahre konnte ich unzähligen anderen Menschen bezeugen, wie treu Gott mich durch den Kampf mit dem Ausbrennen geführt hat. Wenn er mir geholfen hat, dann wird er auch Ihnen helfen. Wenn er es tut, sagt uns 2. Korinther 1,3–4, sollen wir uns auch um andere kümmern.

Wenn Sie also das Ausbrennen oder eines seiner Symptome erleben, so seien Sie getrost und guten Mutes. Ich spreche aus Erfahrung: Das Gute, das daraus erwächst, übersteigt den augenblicklichen Schmerz und die Frustration bei Weitem!

Arbeitsblätter

Arbeitsblatt 1: Genesungsvertrag

Genesungsvertrag

Verbindliche Zusagen des Seelsorgers/Therapeuten

Hiermit versichere ich, dass ich als Freund _____ _____ (Name des Betroffenen) in jeder nur erdenklichen Weise helfen möchte, vom Ausbrennen zu genesen. Ich weiß, dass er/sie wieder gesund werden möchte, und ich weiß, dass das auch geschehen wird. Er/sie kann in dieser schweren Zeit auf mich zählen. Er/sie kann sich darauf verlassen, dass ich alles, was wir in der seelsorgerlichen Beratung besprechen, streng vertraulich behandeln werde. Ich bedanke mich, dass _____ mich an seinem/ihrem Weg teilhaben lässt, den Kampf gegen das Ausbrennen zu gewinnen.

_____

Datum und Unterschrift des Seelsorgers/Therapeuten

Verbindliche Zusagen des Ausgebrannten

Liebe/r _____
(Name des Seelsorgers/Therapeuten),

ich lege großen Wert auf deine Hilfe, um mein Burnout zu überwinden. Ich versichere, dass ich mich verbindlich auf den Prozess einlasse und auch, wenn es schwer wird, weitermachen will. Ich möchte ehrlich und offen kommunizieren und auch schwierige Fragen beantworten. Zudem möchte ich Ziele und einzelne Schritte, die wir gemeinsam festlegen, engagiert verfolgen und umsetzen.

_____

Datum und Unterschrift des Ausgebrannten

Arbeitsblatt 2: Ausspannen

Ausspannen

1. Wohin werden Sie zum Ausspannen gehen?

_____

Wann?

_____

2. Auf welche Art wollen Sie ausspannen?

_____

3. Welche neuen Sportarten werden Sie ausprobieren?

_____

4. Welchen Lesestoff wollen Sie mitnehmen?

_____

5. Wer begleitet Sie?

_____

Verhaltensregeln

1. Versuchen Sie nicht, über Ihre Lage nachzugrübeln oder Probleme zu lösen.
2. Nehmen Sie keine Arbeit mit, und rufen Sie nicht im Büro an.
3. Tun Sie jeden Tag etwas anderes. Vergnügen und entspannen Sie sich!
4. Vermeiden Sie es, mit anderen über Ihren Zustand zu sprechen.
5. Lesen Sie jeden Tag etwas in der Bibel.
6. Rufen Sie einmal Ihren Seelsorger an (wenn Sie mehrere Tage weg sind).
7. Machen Sie eine Vergnügungsreise für alle daraus, wenn die ganze Familie mitgeht.

Arbeitsblatt 3: Fitnessprogramm

Fitness

1. Nennen Sie die Art körperlicher Betätigungen, die Sie sich als Teil Ihres ganzheitlichen Wohlfühlprogramms vornehmen:

_____

_____

_____

_____

_____

_____

2. Nennen Sie die Aktivitäten, die Sie sich für jeden Tag vornehmen, und die Zeit, in der Sie sie ausführen wollen:

Tag	Aktivität	Zeit
Sonntag		
Montag		
Dienstag		
Mittwoch		
Donnerstag		
Freitag		
Samstag		

Arbeitsblatt 4: Kurzfristige Ziele

Kurzfristige Ziele

Tag	Kurzfristiges Ziel
Sonntag	
Montag	
Dienstag	
Mittwoch	
Donnerstag	
Feitag	
Samstag	

Arbeitsblatt 5: Langfristige Ziele

Langfristige Ziele

1. Nennen Sie das Ziel, und geben Sie insbesondere an, *was* und *wie viel* Sie erreichen wollen:

_____

_____

_____

_____

_____

_____

2. Nennen Sie das Datum, an dem das Ziel erreicht sein soll:

_____

_____

3. Bewerten Sie Ihre Fortschritte bei der Erreichung des Ziels:

_____

_____

_____

_____

_____

_____